中 国 道 教 文 化 之 旅 丛 书

上清新秀

润州道院

总 主 编　张继禹

本册主编　孙敏财

编　　著　韩敏非　冷敏文

华夏出版社

HUAXIA PUBLISHING HOUSE

《中国道教文化之旅》
编辑委员会

总 顾 问：任法融
总 主 编：张继禹
主　　编：王哲一
执行主编：王炳旸
副 主 编：

黄信阳	黄至安	丁常云	唐诚青	赖保荣	刘怀元	林　舟	张金涛
张凤林	孟崇然	黄至杰	李诚道	张东升	袁志鸿	张明心	胡诚林
谢荣增	陆文荣	董沛文	刘世天	王书献	孙常德	史孝进	吉宏忠
王怀静	杨世华	詹达礼	高信一	吴诚真	李文兴	王至全	袁宗善
刘兴龙	欧治国	喇宗静	张崇新	赵理修	王崇道	邓信德	蔡万圻
董中基	廖东明						

编辑工作办公室主任：张兴发
编辑委员会委员：

任法融	张继禹	黄信阳	黄至安	丁常云	唐诚青	赖保荣	刘怀元
林　舟	张金涛	张凤林	孟崇然	黄至杰	李诚道	王哲一	王炳旸
袁志鸿	张明心	胡诚林	谢荣增	陆文荣	董沛文	刘世天	王书献
孙常德	张兴发	冯　鹤	郝光明	李信军	张　凯	吉宏忠	姚树良
张开华	翟仁军	成笃生	刘少波	黄健虹	吴信达	潘志贤	杨梦觉
陈明昌	张至容	杨明江	邹理慧	郑明德	吴诚真	刘玄遵	蔡亚庭
朱　泽	欧治国	万　文	王理砚	陈万赏	林美菊	陈信桂	廖信杰
贾慧法	任兴之	陈法永	孙敏财	尹信慧	杨世华	冯可珠	郑志平
简祖洪	薄建华	李宗贤	霍怀虚	张诚达	刁玉松	李　福	詹和平
陈理复	李宗旭	袁宗善	喇宗静	邓信德	赵理修	陈崇真	王崇道
王高静	史孝进	王怀静	詹达礼	高信一	王金华	李文兴	王至全
刘兴龙	张崇新	蔡万圻	董中基	廖东明			

序

殷商时期，道祖降临神州大地。他所倡导的致虚守静、少私寡欲、无为而治、道法自然、返朴归真、和光同尘等思想，深深影响了中国哲学；他所著《道德经》，提出了"道"、"自然"、"无为"等等著名的哲学概念，成为中国哲学的基石之作。

两汉之际，中国又出现了一位真人张陵，他奉老子为道祖（太上老君道德天尊），以老子《道德经》为祖经，以道为宗本，创立道教，融合传统宗教习俗，追求天人和谐、家国太平，倡导真正、积善成功、福臻家国，相信修道积德行善定能平安幸福、长生久视。

魏晋南北朝，道教人士秉承老子思想，光大张陵道风，建立弘扬道教文化的宫观，从此道教文化有了自己的文化宣传窗口，向世人展示着自己独特的魅力。

宫观发展至今，已成为道教信仰和修道者的圣地。成千上万的道教徒们在宫观内过着如法如仪的宗教生活，成万上亿的道教信徒们到宫观开示解惑、朝拜神灵、祈福禳灾。许多高道依托宫观实现了他们致道成仙的人生目标，如张道陵在大邑鹤鸣山驾鹤飞仙，许逊在南昌西山白日飞升，张三丰在武当山得道成仙。

宫观传衍至今，已成为中国传统文化的重要载体。每一个宫观都有着

它的历史传承、人物故事、文物胜迹、经典书籍和建筑艺术等等，这些均构成了本宫观的文化，这些文化又是宫观所在地文化不可或缺的重要组成部分。这不仅是宫观的，也是道教的，更是社会的传统文化。如张道陵祖师依托二十四治创立天师道，形成了天师道文化；杨羲、许谧依托茅山的靖庐创立了道教上清派，形成了茅山文化；许逊依靠万寿宫，形成了净明道忠孝文化；邱处机凭借白云观推动了全真龙门派的发展，形成了龙门祖庭文化。

宫观传承至今，已成为了道德伦理教化的场所。道教宫观中供奉的神灵，有古代神话中的人物，还有山川河岳等自然界的神灵，更有有功于社稷、有惠于黎民而为民众所敬仰的地方神灵。道教崇奉神灵的原则是"尊道贵德"，倡导崇尚德行、敬仰贤能。如道士孙思邈是古今医德医术堪称一流的名家，尤其对医德的强调，为后世的习医、业医者传为佳话。他的名著《千金方》中，也把"大医精诚"的医德规范放在了极其重要的位置上来专门立题，重点讨论。而他本人，也是以德养性、以德养身、德艺双馨的代表人物之一，成为历代医家和百姓尊崇备至的伟大人物，被道教崇奉为"药王"。又如道教崇拜的城隍神，皆为世间人之正直者，有"功施于民则祀之"的说法。他们有的是地方的"清官"，正直无私，秉公办事，能为民消灾解难者；有的是有功于国于民的"功臣"，生前曾对某地乃至全国作出过一定贡献，人们牢记其功绩，奉之为神灵；还有人间正直者，他们生前为人正直，与人们所希望的城隍神形象较为接近；更有世间乐善好施者，在中国传统社会中，积功行善，乐善好施者，往往受到人们的崇敬；当然也有神能者，生前有异能，造福乡民，人们相信他死后可以充当城隍之职；还有善鬼，人们认为，人死后进入阴间而为鬼，但只要积德行善也能提升。可见，城隍信仰中"人之正直，死而为神"的观点，正是人们把美好理想和愿望寄托于神灵，希望他们能像生前一样公正无私，造福于民。同时，也鼓励人们积极向上，崇尚德行，讲求孝道，对人们具有一定的教化功能，在一定程度上又构成了伦理道德体系。

同时，道教的宫观还是济世利人的基地，是服务社会、利益人群的场所。道教宫观导人向善的教化功能本身就发挥着净化社会的崇高精神。从历史上看，道教宫观曾经发挥过济世救人的功能。如张鲁行宽厚仁慈之政，以道教化世人，设立义舍于路边，放置米肉于其中，让过路的人量腹而食；邱处机在北京白云观创立十方丛林，收容遭战乱无家可归的人，多达数以万计，清乾隆皇帝赞扬说："万古长春不用餐霞求秘诀，一言止杀始知济世有奇功。"清代道士闵一得，主持金盖山纯阳观，大振玄风，乐善好施，奖掖后进。当代道教宫观，不忘祖训，更加积极投入到社会慈善公益事业中。道教宫观植树造林、美化环境；赈穷补急、兴利除害；积功累德、慈心于物；忠孝友悌、正己化人。如道教宫观在甘肃的生态林建设，九八洪灾捐款，四川地震灾害捐献等等，均彰显出道教宫观济世利物的高尚品德，由此清楚地看到宫观在道教传承中的地位和作用。

为了打造道教文化精品，提升道教品位；繁荣文化市场，满足群众需求；整合道教宫观资源，形成道教文化合力；推动对外文化交流，促进道教健康发展，响应"推动社会主义文化大发展大繁荣"号召，中国道协文化研究室以道教宫观为研究对象，推出"中国道教文化之旅"大型文化研究项目，把道教宫观文化承载的道教义理、建筑、绘画、生态等智慧和道教生动感人的故事展现出来，通过一座座宫观的文化之旅，探索发现出道教许多不为人知的价值内涵，从而彰显道教的人文精神。这样可以向社会人群提供优秀的道教精神产品、凸现道教文化魅力、创造良好的社会效益。从而提升道教形象，扩大道教影响，增强道教的亲和力，为构建和谐社会

作出积极有益的贡献。

感谢国家宗教局领导对《中国道教文化之旅》的大力支持，感谢各省道教协会、各宫观高道大德的积极参与，感谢今日集成广告有限公司张东升先生的热情襄助，感谢华夏出版社编辑的辛苦付出。我相信，道教文化的魅力与人文精神一定会通过本套丛书的出版而弘大显扬。

张继禹

2011 年 1 月谨识于北京

目 录

茅家自古出神仙

　　江苏省镇江市润州道院（三茅宫）位于镇江市金牛山风景区内。其历史可追溯至唐末五代时期，相传在唐末天佑年间，大茅君茅盈途经镇江西郊听闻此地有妖孽危害百姓，于是义不容辞地除妖卫道，使一方百姓从此过上了幸福安宁的生活。不久百姓们为了感激茅盈的恩德，便建起了奉祀茅盈的庙宇，之后又修建了供奉三茅真君的宫观。宫观庙宇虽然屡遭战火毁坏，但有关三茅真君济世扶困的传说及其信仰却一直延续至今，未曾间断。

　　镇江润州道院始建于 1996 年，至今已有十七年。起初，润州道院仅有六间破旧不堪的殿堂，为了继承和弘扬祖师济世扶危的传统，同时也为了满足广大信众的宗教生活需要，道院上下克服重重艰难险阻，经过十多年的努力，终于从几乎一片废墟之上建起了"紫气东来"牌楼、灵官殿、会仙桥、放生池、三清殿、太极八卦广场、太元宝殿等中轴线建筑群。在中轴线北面，建起了东岳殿、龙王殿、五星殿、十王殿、大仙殿、宗师殿。在中轴线南面，则是三官殿与慈航殿。随着新殿宇的落成，道院的面貌为之大变，如今已成为江苏地区具有一定影响力的道教宫观。每年春季香期，道院信众云集、香火旺盛，已然成为镇江宗教中一颗冉冉升起的新星。2009 年镇江润州道院被国家旅游局评为国家 AA 级风景名胜区。

　　一座跨世纪的道院，却承接着千载的文化，诉说着神奇美妙的传说，积淀着沧海桑田的底蕴。

　　假如你在润州道院里听到锣鼓齐奏的道乐，那通常是由太元宝殿传来的；假如你灵魂深处有着虔诚信仰，那你的情感定然会同乐声中的节奏产生共鸣，不但会有神仙降临之感，而且还会让你的心灵得到洗礼。这里是润州道院的道乐团在举行斋醮法事，这类活动通常都会在太元宝殿中举行。

　　在太元宝殿中供奉的就是闻名于世的三茅真君了。他们作为本派的祖师，我想您一定会对他们怎样修道成仙的来龙去脉感兴趣吧！说到此，这还得从秦始皇统一中国前的那段时光谈起……

◎ 润州道院全景图

云梦访道鬼谷子

据《云笈七籤·太元真人东岳上卿司命真君传》、《茅山志·三神纪》的记载：早在战国时期，三茅真君的高祖父茅濛就是一位修道成仙的奇人。茅濛又叫茅初成，住在秦都咸阳的南关（今陕西省咸阳市），他怀着一颗慈悲心，常常积功累德，生活朴素，广识博闻。由于他推知周朝在不久的将来必会衰亡，所以从来不求官做。他阅读道家的著作后，时常慨叹于人生的短暂就如浮云闪电一般，为何还要痴迷这尘世呢？于是他开始渐渐地追问起人是否可以长生久视、修道成仙的问题来。

◎ 鬼谷子

一个偶然的机会，茅濛碰到了从赵国经商归来的叔叔。他的叔叔对他说："贤侄呀！叔叔知道你一心想修长生之道，但一直苦于无名师指点。我去赵国经商的这些年，听赵国的许多人都在说他们国家的云梦山中住着一位活神仙——鬼谷子。传说他擅于修炼养生，能看穿别人的心事；可洞悉万物阴阳的道理，掌握当今诸国局势的走向，且具有通天的本事。他还拥有众多的弟子，其中最有名的要数孙膑、庞涓、张仪、苏秦这四人了。听说他过去曾在韩、宋、齐三国做过显官，但由于受权臣的排挤，便主动上书请辞，后来入云梦山采药修道，隐居于朝歌清溪的鬼谷，故被赵国的人称作鬼谷先生。"茅濛听完叔叔所言之事，回到家中，晚上他辗转反侧，陷入了沉思。就这样过了半月有余，他终于决定离开咸阳，跋涉千里去赵国的云梦山向鬼谷子求教修仙之术了。在历经重重考验后，鬼谷子终于收茅濛为门下弟子。

拜师后，茅濛被安置于云梦三宫之一的灵虚宫里，在平时他只是做些收拾屋子、浇水除草的杂务，而凡逢阳日的午时、阴日的子时还让其分别向着日月升起的方向修习阴阳吐纳之法。鬼谷子看着茅濛认真的样子，喜悦之情时常溢于言表。心想：此人确系颇具慧根，不过眼下看他根基尚浅，还须固本培元，但假以时日，必有所成矣。

半年后的一日，鬼谷子把茅濛单独唤至面前问道："尔来云梦半年余之，有何念否？"

茅濛答道："吾资质驽钝，自入师门以降，素日谨遵恩师之教导而行足矣，岂敢生念邪？"

鬼谷子道："善矣。那可有得否？"

茅濛答道："自是有之，得约二也。素日于宫中做杂务，虽言事小，可实乃修愚徒之心，一也；今愚徒于阴阳日之子午时分习吐纳法，可吸纳万物之精气以充补吾之精气，此乃修仙得道之根基，二也。"

鬼谷子点头道："吾徒果真有得，既是如此，为师问尔阴阳日何可断也？"

茅濛答道："阳日者，逢甲、丙、戊、庚、壬之日也；阴日者，逢乙、丁、己、辛、癸之日也。"

鬼谷子道："善矣。那尔可将所习之吐纳示于为师一观否？"

茅濛道："诺，请恩师验之。"

说罢，茅濛便练将起来。果然，他的呼吸比初来云梦之时要匀称、深沉许多。那种体虚所表现出的呼吸急促声已消失不见了。

于是，鬼谷子欣慰道："为师今日观尔所练吐纳已得小成，但还尚不足

以修习上仙道法，须知阴阳吐纳旨于吐出体内阴浊之精气，吸纳天地阳清之精气；阴日主吐，阳日主纳。今后习之须切记！"

茅濛正色答道："弟子必时时谨记。"

随后鬼谷子带着茅濛往云梦山的西边走去。

约莫行了两个时辰，二人进入一片云雾缭绕的地域，不一会儿，就见眼前出现了一座光华四射的阁宇。茅濛被这一景象惊呆了，不知所措。心念：至云梦这半年多以降，竟还不知有此妙处。

鬼谷子道："徒儿，此阁名曰'洞灵玉宝璇玑阁'，乃收藏诸般仙经秘要，各路神仙修习之途，诸劫仙真实录之所。若凡人得其一二，必能了悟万物之玄机，柄执乾坤之情势，升得瑶池之仙台。"

茅濛兴奋不已道："恩师，莫不是要传授弟子仙经乎？"

鬼谷子对茅濛道："正是。无须多言，快随为师即刻入阁。"

二人来至阁内，茅濛更是被眼前的一切所震惊。

◎ 云梦仙境石刻

只见得整座阁宇高耸霄汉，直插穹宇。阁柱均附着一层紫婴玉，而地面都铺着青生玉。在阁宇中央则雕有北斗七星的图案。

鬼谷子道："徒儿，此阁乃万八千岁前洞灵真人与玉宝真人奉太清老君之敕命降凡所建。阁分凡世三界下二十八境阶，民天中四境阶，三清大罗上四境阶，合为三十六境阶。尔今未有仙籍，故只可入得下二十八境阶矣。"

茅濛环顾四周疑惑道："恩师，徒儿未见有登阁之梯，何以入得？"

鬼谷子道："徒儿好生浅识，此阁乃上仙真人所建何须阁梯乎？"

还没等茅濛反应过来，鬼谷子已带着他跃身至中央。随后，但见飞出两道金光，再见二人已踪迹全无。

原来这师徒二人已化作金光入得境阶之内。

在二十八境阶内，茅濛真有天高任鸟飞、海阔凭鱼跃之感，他先是翻阅了仙真实录，尤其被历劫中凡人修炼成仙的经历所深深吸引。这些实录记载了凡人修仙过程中遇到的种种魔障、诸多困惑、成仙之路径。要说起这成仙之途，大体可有两类：入世类，如，立德济世的、为国为民的、解危除难的；出世类，如，丹道修炼的、虔诚诵经的、感通神灵的。茅濛通过遍览仙真实录使自己增长了不少仙识，获得了许多宝贵的修仙经验，并对修道成仙有了更加深刻的感悟。

良久，鬼谷子来到茅濛身旁对他道："徒儿，时辰已快到，应须离境也。"

茅濛道："徒儿还未尽览仙籍，万望恩师稍延刻时。"

鬼谷子怒道："你这孺子，好不识趣，要知此乃仙家重地，岂容你想如何便能如何，莫说是尔，即便为师也不敢生此念想，尔今能至此皆因有修仙之缘，现时缘已尽，应离境矣！"

茅濛赶忙跪下道："恩师教训的是，徒儿这就随您一同出境。"

鬼谷子将茅濛扶起，神情缓和道："知错就好。凡人非仙，孰可无念？不过，在离境之前尔可择仙经一部携身修习。这亦为尔与仙道之缘使然。"

茅濛惊慌道："恩师，莫不是在试探徒儿？"

鬼谷子道："为师怎会对尔言虚，还不快些择取。"

听到此，茅濛这才安心地去挑取自己所需的仙经。

不一刻，茅濛手捧一部仙经来到鬼谷子面前，并将其恭敬地递给他看。鬼谷子取过一看，原来是一部修形仙经——《太上四象通感导引真经》。

鬼谷子道："徒儿，缘何择取此仙经乎？"

茅濛道："恩师，徒儿自知若只修习阴阳吐纳之法，仅可充实吾体内之精气，以助炼神之效。累积岁月，必能使神离身壳，达至不灭之境。然吾之身形仍具朽坏之性，依受生死循环之累。故所修得的乃下仙之品也。而此非吾所寻修之仙道耳？吾寻修之乃形神不灭，白日升天之上仙妙品。"

鬼谷子笑道："徒儿所言甚是，果未负为师重望。为师告尔：本经蕴藏四象神兽——苍龙、朱雀、白虎、玄武形体变幻之玄奥。上通天宇周天星象之道，下感世间四季循环之道。凡人修仙若参透其真言必可感召四象现形，助其早登仙境。"

茅濛听完鬼谷子的介绍后，更加视它为圣经，随即小心翼翼地将其放入经袋中。之后，这师徒二人便离开了二十八境阶。

◎ 十节玉琮

茅濛自获此经后，除去吃饭、休息外，其余时间都用来研习真经，没有一日懈怠，有时简直达到了废寝忘食的地步。

转眼间，过了十五个春秋，这一日鬼谷子门下的众弟子皆齐聚于鬼谷洞前，约在寅时二刻，但见从鬼谷洞中走出了一位身着祥云青衣、手执玉琮的道童，他登上洞前高台，大声说道："今日乃祖师为尔等开坛讲道，同时亦为云梦三宫弟子演法示真的日子。众弟子须各归其位，静待祖师登台开讲呀！"卯正时刻，鬼谷子登上高台，正式为其门下弟子开讲天地间的至妙玄理。台下的众弟子听得如痴如醉，而众人心中所存之各种困惑也顿时得解。未时初刻，那道童又言道："祖师今次讲道已毕，三宫弟子准备演法示真呀！现下吾依云梦籍册报众等名姓，凡念至者皆得上台演示。"

要说在演示的众弟子中最引人关注者当属茅濛了。

在高台之上，茅濛依《真经》所言向众人演示了四象的形体变化并把阴阳吐纳之法融入其中，不一刻，令在场的众人均感震惊的一幕出现了，就见在茅濛身旁的前后左右分别显出了朱雀、玄武、苍龙、白虎四象神兽之身形。与此同时众人注意到这四象也显现于苍穹之上——东方之天苍龙象，南方之天朱雀象，西方之天白虎象，北方之天玄武象。而云梦山则似乎历经了四时流转一样。茅濛演示完后，一切又恢复如常。之后，三宫弟子对茅濛所演示的道法都觉不可思议，认为自己所演的道法同茅濛的相比真可称得上是天壤之别。

◎ 青龙、白虎、朱雀、玄武

演法示真结束后，鬼谷子再次将茅濛唤至跟前。

鬼谷子道："今日为师观尔所演《真经》之道法，即知尔已悟得四象身形变幻之精要。此乃尔十五载以降日日苦修之果，为师实感欣慰矣。然现时云梦三宫众人已知尔修习上仙道法，若尔继续留于此处，必免不了受众等之干扰，有碍尔成仙道。故尔须另觅一仙山洞府独自修炼。"

听到此，茅濛急忙跪下道："恩师，徒儿自知修仙根基尚浅，还不足以自修，仍须恩师点拨才行。"

鬼谷子严肃道："徒儿所言差矣，为师怎会不知尔现下的仙根深浅？无须多言，明日尔须下得山去。"

茅濛道："徒儿遵命。"

鬼谷子点点头，从桌上的经袋中取出一部仙经递与茅濛道："徒儿，为师想尔今后自修必遇困惑，故从太清境阶中取出此部仙经，其名曰《太清洪元飞升妙经》。此经乃上仙真人所录历劫凡人引归形神合一返归太清恍惚元道之妙法，定可助徒儿早登仙界。另据为师所推，若无意外，尔当在始皇二十一年九月上升太清圣境也。"

离开时，茅濛恭恭敬敬地向鬼谷子行了三叩九拜大礼。

翌日清晨，茅濛遵照师命离开了灵虚宫。

下得云梦山，茅濛本打算先回咸阳探望亲友，但在途经华山时，被其高峻雄伟的博大气势、葱郁的树木、清幽的环境所吸引，遂决定隐居山中修炼"仙经"。终于在秦始皇三十一年九月，他白日乘龙飞升，住在华山附近的百姓家喻户晓。老幼都传唱他成仙前留下的歌谣，大体是："神仙得道茅初成，驾龙上升入太清！时下玄洲戏赤城，继世而往在我盈，帝若学之腊嘉平！"这歌谣既表达了茅濛得道飞升时难以言表的心情，同时也是茅濛对其后代中必有名为盈的子孙，能承续其仙脉，得道成仙的预言。而后来这首神仙歌谣竟也传到了当时正在痴迷于长生不老之术的秦始皇耳中，不过他并没有深明其中的真义，反而自以为是地将十二月的月名由"腊"改为殷商时的名称"嘉平"，认为这样便可实现其长生不老的愿望了。此事《史记集解》中有所记述。

恒山梦遇太玄女

　　也许是在茅濛的荫佑下，其后代是屡被封侯，尤其传至茅熹这一代，可以说是声名显赫于当世。他先是在秦庄襄王时为武将，此时，秦国疆土已经兼并了南面的巴蜀、汉中、越、宛，拥有郢，设置了南郡；北边扩展至上郡以东，拥有河东、太原、上党郡；东面一直到荥阳，灭了二周，设置三川郡。吕不韦为宰相，封文信侯，招揽四方贤才，大有吞并六国之势。在公元前241年，即秦始皇六年，韩、魏、赵、卫、楚五国联合攻打秦国，并占领了寿陵。秦始皇派大将蒙骜率兵前去征讨，茅熹做先锋。五国收到

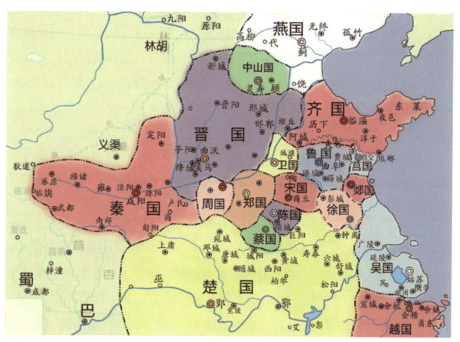
◎ 春秋战国形势图

这个消息后，停止了进军，不久，五国联军因惧怕秦国的虎狼之师纷纷撤退，茅熹趁势带兵攻取了卫国，秦始皇见其立了如此战功，让他做了左将军。时光飞逝，到公元前222年，即秦始皇二十五年，始皇派王贲领兵进攻燕国的辽东，茅熹也随军前往并擒住了燕王喜；在回兵攻打代国时，还俘虏了代王嘉，胜利凯旋。之后又随王翦南下平定了楚国，降服越地的首领。而在攻取越地时茅熹不幸战死，秦始皇听闻后，因其忠勇可嘉，屡立军功，追封其为德信侯。茅熹的六个儿子，秦始皇都赐予官爵，唯独他的小儿子茅祚不愿接受官职，并向始皇表达畅游山水、过田园生活的愿望。秦始皇满足了他的愿望。这茅祚就是三茅真君的父亲。眨眼间就到了汉景帝时期，茅祚也有了三子。据说在长子茅盈降生之时，彩霞映天，奇香四溢，多日不去，因此取名"盈"。后又连添两子，取名茅固、茅衷。

且说，长子茅盈自小聪明过人，孝顺长辈，力行善事，对做官没有兴趣，反而酷爱研习经书，采药炼丹，好神仙之事，深得先祖之风范。而茅盈也常常对两位弟弟说："世间繁复变幻，世事纷扰，功名富贵虽好，可终究难逃一死，像过眼烟云。人身在名利场，如履薄冰，又如同是行走在悬崖峭壁之上，这样活着岂不太累了吗！因此咱们应效仿高祖，访名师隐居修仙，道成逍遥自在，来去自由，如此便能远离尘世的纷扰苦恼。"但两位弟弟当时对兄长的话并不放在心上，以致后来走上了"追求荣禄、光耀门楣"之路。

茅盈十八岁时毅然辞别父母独自隐入恒山修炼，开始了其漫漫修习仙道的生涯。他白天在山中寻找矿石、草药，用以炼制外丹，晚上在住处研读《道德经》与《周易》。

就这样，日复一日，年复一年，度过了六个寒暑。一天，他在山中寻找灵芝一类的草药，忽然闻得一股异香扑面而来，心想：这是什么发出的奇香呀？于是跟随香味走了十多里，突然望见前面有间茅草屋，鸡犬正在栅栏边游走。走近才看到一个四十来岁的农夫。他见茅盈一个人，很是惊讶，问道："请问你来此有何事呀？"茅盈回答："大叔你好，我想知道这异香是怎么回事？"农夫说："哦，这是神仙在播撒仙草种子时所发出的。"茅盈听罢，迫不及待地问道："请问是哪位神仙，能跟我说说吗？"农夫见状说："就是太玄女。据说，她姓颛名和，年幼之时就失去了父亲。后多次请人给她看面相，均言她活不长久，听后，她总是为此事而感到忧虑。心想，人来到这世间，上天仅给每个人活一次的机会。若将此机会失掉，就不会再有了。而如今听得我很快将失掉这机会，因此唯有通过修炼道法才可活得长久呀。经深思熟虑，她决定遍走天下的仙山洞府，寻觅仙真，果然功夫不负有心人，由于她的虔心向道，得到了一些仙真的指点，习得了些高深莫测的道法。又经多载苦修，

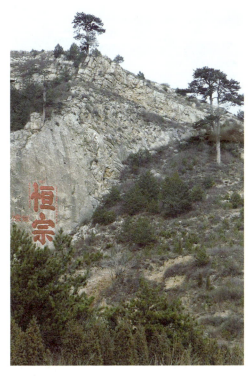

◎ 茅盈修炼的恒山

终于练至入水不溺的地步。在风雪交加的寒冷日子里，她身着薄衣立于户外，竟能面色红润，体温如常，如此作为可连续行数候之久。她还能不费吹灰之力地把大户人家的宅屋，甚至整座城池搬运到别地，而在搬运的过程中也不会有任何损坏，之后她再用手比画一番这些搬运他处的宅屋，城池又回到原来的地方了。凡用钥匙打开的东西，她只要说声'开'便会自动开启。她走过的地方，若遇到高山，不必绕行，高山会自分为二，待其走过，高山又会自己合上。她常常日行三十万里，也不觉得疲惫。她还可让小石子变成座大山，还能将大象变成如蚂蚁般大小。还能身处熊熊烈焰之中，不沾寸火。她会七十二般变化，顷刻时间，可化为巨龙、凤凰、宫殿等，一句话，她想化作什么都可以。她通晓三十六类道术，效用极佳，可令人死而复活，她救过的人如同地上的沙尘那样多。不过，任何人都不

知道她是从哪里学会这些的，渐渐地，她的面容随着时间的流逝非但不显老反而变成如童颜一般。忽然在一日的清晨，她觉察自己的身体变得十分轻盈，于是便飞升而至龟山。至龟山青琳宫后，西王母命她到恒山，治理恒山的生灵。"茅盈听得入了迷，忙又对农夫说："敢问大叔，太玄女在恒山的仙府在哪？"农夫笑道："年轻人，这我可就不清楚喽！不过听说有人在离我家东边约十多里地方见过她，一句话，如果有缘的话，自然会遇见的。这样吧，现在也很晚了，不如就在寒舍休息一晚，明日再回家。"茅盈说："大叔，那晚辈就打扰了。"农夫说："饿了吧，我去厨房给你拿些吃的。"茅盈道："多谢大叔，我已辟谷多时，也不想吃什么了。"他看见桌上有个小炉鼎，又有几个陶瓷盒子。农夫说："这陶瓷盒内的东西可随便取。"打开一看，原来是蜂蜜。农夫说："这蜂蜜太浓了，需加水冲匀才能饮用。"茅盈依言而行，一喝，只觉味道与一般蜂蜜不同。过了会儿，又想喝蜂蜜，再去开盒子，可就怎么也打不开了。茅盈心中奇怪，觉得这里不像平常村

◎ 茅仙古洞

野人家，但不敢说出口。第二天，茅盈一早起床，依农夫的指点，往东走了几里，忽然见到一位容貌清雅的韶龄女子姗姗而来。那女子对他道："我在此修炼已有五百年，自你进山以来草木荣枯已六次，无论有任何挫折，我都见你在矢志不渝地苦修，真是一位难得的修道者！"那女子用赞许的眼光看着他，接着又说："可凡是真道必得师传，在西域有得道的王君，她乃西王母的第四女，号南极元君，住在昆仑的太丹宫，可为你师，你可前往求教。我这有玉札给你，作为见面的凭据。"茅盈拜谢，双手恭敬地接过来。等茅盈起身后发现那位女子已踪迹不见。心想难道我遇到了昨天大叔所讲的太玄女？便大声喊出：太玄女，太玄女。此时茅盈猛地一睁眼，方知原来自己刚才做了一个遇仙梦，不过发现自己手里攥着一件东西，仔细一瞧，是个玉札，顿时恍然大悟，知道自己是受到了仙人的指点，于是便斋戒沐浴以示诚心。三月之后，启程前往西域的太丹宫求见南极元君。

龟山拜谒西王母

　　茅盈历经艰难险阻终于抵达了昆仑山。抬头望见昆仑山上有一座金碧辉煌的宫殿，那宫外有位仙人，有神虎为之拉车，车的两侧侍立着数十位仙女。看到此景茅盈顿起慕羡之情，心想：难不成我看到的这座山上的是太丹宫？那位仙人莫非就是西域南极元君？正在疑惑时，耳边传来询问声："你这凡夫俗子来此要干吗？"茅盈看是仙童，赶紧施礼道："这位仙童，我是从中原而来，自小仰慕神仙，在十八岁那年，入恒山独自修炼六载，幸有缘遇仙人指点迷津，来昆仑拜师学仙。请问仙童这里是昆仑的什么治下？"仙童见茅盈如此恭敬，说："此处是昆仑的太丹宫，属南极元君的治下。"茅盈听后大喜，忙从身上的包袱里取出玉札递给仙童道："那么就烦劳仙童，将此物递传南极元君。"仙童见这玉札不是凡品，而是仙家之物，于是说："那好，我这就替你去禀报元君，请在此等候。"不一刻，那位仙童回来，说："元君命我带你前去太丹宫面见于她。"

　　茅盈随着仙童来到了太丹宫，见到南极元君，向她行叩拜大礼后，南极元君问道："茅盈，你受了我的仙友太玄女的指点，到昆仑拜我为师，那你想要知道些什么呢？"茅盈回答道："元君，我想明了大道的至理，请问怎样修炼才能修证上仙之道呢？"

　　南极元君听茅盈如此提问，极为高兴！心想：此人果具仙根！便乐意而仔细地为茅盈精析"大道"的至理："大道的精妙深远莫测，恍恍惚惚；大道的精义，静思潜想；摒弃你的感官，保持你精神的纯净，身心自然康泰；至虚凝神，不要使你的身心受累，不须耗散你的精、气、神，如此，方可长生久视。五官不受外界的干扰，你的心将不会有迷惑和烦忧，这样精神方能护持住你，使你的身形得以永存。保持你内在的固有禀性，排除外界世事的侵扰；费尽心机只会使你丧失大道的真义。相反，则能使你渐近大道的门坎，从而去求索那'大道'的源泉。世间万物都各守其位，阴阳二气才可周行不殆；只要你不断修持自己的精、气、神，就定会使你达到上圣仙真之境。我抱守元一，并努力与之相合，依修习上仙之道，现下已数千载，而我的身形却永驻不衰。"

茅盈听到这里，再次行了叩拜礼。

南极元君向左右侍从笑着说："我知你能够独自在艰难困苦中坚定修仙的信念，一定是有志于大道之人！那好，我今日便收你为门下弟子。"

随后，茅盈行了拜师礼。

话说茅盈在太丹宫中这一待就是十七个年头，南极元君让他负责打理宫中的衣服鞋帽的工作。对于这些茅盈都干得毫无怨言，虽然元君有时指导其他的师兄弟们修炼各种高深的道术，但他也不敢稍生偷窥之心。除干好本职工作外，只是将过去的功夫不断温习而已。南极元君见这徒弟行事

◎ 西王母

严谨，暗暗称赞，于是便指派茅盈去管理太丹宫藏经楼的工作。不知不觉又过了三个春秋，茅盈精、气、神的修炼又精进了一级。

一日，南极元君接到邀请函前往龟山青琳宫中拜谒西王母，她决定携茅盈一同前往。茅盈在得知此消息后，盼望着能早点见到西王母。

说起西王母，想必读者并不陌生吧！她就是古典名著《西游记》中的王母娘娘。在小说中，她与玉皇大帝是夫妇关系，在民间传说《天仙配》中也是一样。但在道教的神仙谱系中，西王母是所有女仙之首，掌管昆仑仙派。而所有男仙之首为东王公，掌管蓬莱仙派。玉皇大帝则为道教四御之一，是群仙之首、众神之主，也就相当于神仙中的 CEO 了。在道教中，西王母的出现比玉皇要早，所以他们不是夫妇。只有小说和民间传说，才认为玉皇大帝和王母娘娘是夫妇关系。

据说，西王母居住在龟山，名为春山西那城。这座城方圆千里，拥有十二座玉楼以及琼华之阙、光碧之堂、九层玄室和紫翠丹房。左边瑶池如带，右边翠水环绕。这大概就是神话小说中的仙界景象吧！

闲话少叙，言归正传，让我们还是接着来说茅盈拜谒西王母的情况。

且说，这一天，他随着师父南极元君来到龟山，见到了西王母，当王母让他作自我介绍时，他向王母恭敬地深施一礼，道：小人家居中原咸阳的南关，自幼喜好采药炼丹，慕神仙之境。十八岁那年入恒山自修，六载后，得遇太玄女梦授玉札，往西域昆仑的太丹宫拜南极元君为师，随后十七载，恩师为了磨炼吾性遂让我负责宫中衣物、鞋、帽之事。又三载，恩师调我去藏经楼负责打理经书，在此期间自觉修炼有所精进，今日盈有幸得见王母仙颜，想要以朝生暮死小虫之身形，求得天上明月阴晴圆缺之期时。虽然这二十几载以来我坚持不懈地行服气，并经常采药炼丹服食，但效果甚微，敢问王母修仙道的门径何在？西王母回答道："茅盈听尔之自述，吾甚为感动，知尔求道心诚！想当初，我的先师元始天王与扶桑帝君面授修仙道的秘诀，你愿闻邪？"茅盈立即稽首道："自然愿洗耳恭听教诲。"于是口告盈修仙秘诀：玉佩金珰之道，太极玄真之经。听后，茅盈十分感激王母的赐教，稽首站立于侧。王母接着又对茅盈说："所谓金珰为上

清之华盖、阴景之内真，而玉佩是太上之隐玄、洞飞之宝章。能领悟其玄妙的人皆可升入仙界，遨游太虚，与天地同寿。我师元始天王、扶桑帝君所讲玉佩金珰之道录有两部经：其一《太霄二景隐书》，其二《阴阳二景内真符》。我观你二十载修仙道也不易，有向道诚心。今日我就任命你候补东岳上卿之职，以助你仙道早成。至于这两部经书待你日后悟出太极玄真之经的玄妙后，再传授于你。"于是茅盈拜谢不止。临行时，王母对茅盈道："你且回去，数十载后，你带着两个弟弟再来我龟山。"

归家父责诉原委

从龟山回来，茅盈废寝忘食地修炼王母所传秘诀，这样过了三年。一天，南极元君赐九转神丹给茅盈，道："你在我太丹宫中学道已三十载，为师也不曾传什么道法给你，仅是让你修习心性，今日你将要下山了，想学何种道术？"茅盈参拜道："恩师，我不敢心生妄想，还望恩师传我符水丹药之术！"南极元君道："徒儿，那只是仙家的入门道术，我看就传你金丹，能助你白日飞升呀！"茅盈道："恩师请听我说缘由，在弟子家乡时常会发生瘟疫水患，弟子虽得道而去，可家乡的父老乡亲还在受苦，弟子即便白日飞升又有何用？故而恳求老恩师传吾符水丹药之术。"南极元君笑道："很好！我常听说在尘世修仙道的人皆具高尚的品行！我徒有仙根，日后必得飞升。好吧！那我就传你符水丹药之法，以便尔济世。"于是传了道法，南极元君继续说："此丹不是凡物，你且服下，待你功德圆满，登仙飞升，我们师徒再相见。切记下山后，你要做一番对天下黎民苍生有益的事业。"说完，茅盈洒泪离开了太

◎ 大茅君茅盈

丹宫。

这时茅盈已四十九岁了，三十一载转眼已逝！回到咸阳老家，走到家门口他不由得顾虑起来：我离家已三十载，该怎么对父母言明这些年的境遇呢？心想：唉！只得用现下人们认可的那一套去搪塞了。现时社会重儒学，喜好做官，那就对双亲说"入恒山拜师学儒俗之业"。想到这，他便迈进了这扇既陌生而又熟悉的家门。

其母一见是长子茅盈，走到面前一把搂住了他，心中自是悲喜交加。而其老父却发怒道："茅盈你个不孝子，还知道归家，你不明白父母在世，儿不远游的道理吗！你一走就是三十载，我早就当从来就没有你这个儿子了！"说着举起盘龙拐杖，向着茅盈打来。茅盈见此情状立即跪在地上，心里一急竟将事先想好的搪塞之词抛到了九霄云外，恳求地说："儿子这三十载是去求仙道了，儿学道和孝顺父母难以兼顾。虽然儿子长期远行没能供养二老，给双亲增添了烦恼，但如今儿子学成道术，就能使全家平安，使父母长寿。现在我已得道法，不能再受你们的鞭打了。如果再鞭打我，恐怕会出大事的！"他父亲越听越来气，拿起拐杖就要打。可是刚要举起拐杖来，拐杖就断成了十几节向四方飞去，像射出了很多利剑，射透了墙壁，射穿了房柱。他父亲吓得只好停手。茅盈说："我刚才说的怕出大事就是说的这个，怕无意中伤害了人。"他父亲问他："你说得了道，那你能让死人复活吗？"茅盈说："如果死的人一生中犯下的罪孽过多，就不可能复活。如果是遇无妄之灾而死或无辜夭折的，我就可让他复活。"他的父亲不太相信，想验证他一下，恰巧此时邻里有个少年刚死不几日，他的父母非常悲痛。茅盈到他家，在了解到该少年是无故夭亡后，立即施展所学道法，让他死而复活。这下子可震动了乡里了，没多久百里内的百姓们都听说有个叫茅盈的可以使人死而复活，于是到茅盈那儿的人都快将他家的门槛给踏平了，除生前犯大错的不救治外，其他人均救活了。乡亲们对他是既敬慕又感激，都称他为"茅大仙人"。

居家十多年后，父母先后离世。茅盈在家中料理完丧事后，心中忽然想起师父临别时，要我做一番有益天下黎民苍生的事业。思考再三，茅盈决定去当时称做未开化之地的江东。心想：对，我当早去江东，居仙山洞府，以参悟太极玄真之经；采药炼丹，普施恩泽，济度世人，以弘扬大道之功德；激励仙志，敬奉天命。此时茅盈的两个弟弟均在朝为官，他遂同乡亲告别，远赴江东而去。

这一时期，中原地区是中国经济文化发达之地，而江东还是一块未被人们开发的新大陆，当地居民还过着衣不遮体、茹毛饮血的生活。这就好比现在生活在原始森林中不知名的部落一样。茅盈自咸阳而来，将当时先进的中原文化和农耕技术带给了当地的居民。教当地的百姓种地、打鱼、建房、识字，并治病救人，其名声在江东各地尽人皆知。

劝弟辞官修神仙

汉宣帝地节年间，茅盈从江东回乡探望两位弟弟，正值茅固刚被任命为年俸二千石的执金吾，去长安赴任前有好几百乡亲来欢送，父老乡亲均对茅固称赞不绝，茅盈听后却说："我虽然没有做朝廷二千石俸禄的执金吾，但也当有神仙之职在身，王母封我为候补东岳上卿，这是上真宗师神宫的要职。"并预计在来年的四月初三，当升天得任。众乡亲都将信将疑地说："果真如此，我们到时一定也前来相送。"茅盈笑着说："如果诸位乡亲送我的话，我自是十分感激的了。不过我要求到时大家不要送礼，人来就可。"众乡亲允诺。到了来年的四月初三，众位乡亲都来为茅盈送行。这日，茅盈盛摆筵宴，但见其门前挂有青色的幕布，地面铺上一层厚重的白毡，桌上摆放有各种珍异不知名的果实，且不时还散发着沁人肺腑的芬芳，与此同时，编钟与玉磬还一起奏出渺渺仙乐，响彻云霄，甚至可传于数十里之外，还有一群舞伎们随着仙乐的节奏翩翩起舞，真如同身临仙境一般。在场的众位乡亲无不欢欣雀跃。酒过三巡菜过五味后，人们忽然看到有数百名身穿大红袍服，腰间系白玉带的文官们与身披铠甲、舞动旌旗、手执耀眼兵器的武官们自天上缓缓而降。茅盈说："诸位乡亲们，他们是接我上天赴任的迎宾仙官。"说完，茅盈便同众乡亲辞别，随即登上了一乘羽盖车而升天，车的四面八方有无数的旌旗飘摆，还有那朱雀、玄武、苍龙、白虎、麒麟、凤凰等珍禽奇兽都在车的上下腾跃不停，更有那七彩云霞环绕在其四周。渐渐地，茅盈一行越行越远，最后，消失于茫茫天宇之间。自茅盈升天后不久，十里八乡的百姓都自发地修建供奉茅盈的神庙。而茅盈还时常借着神像与百姓们谈话，帮他们解决困难，如果他不能亲自前来，还会派其手下仙官下凡，若实在无人可派他就让一对白鹤为其传信。凡生病之人带上煮熟的十个鸡蛋去神庙虔诚礼拜神像后，将这十个鸡蛋放在神像前面的供桌之上，不多时，这些鸡蛋即会一一归还于你。之后将这些归还的鸡蛋带回家打破，若这些鸡蛋都有蛋黄，则病可治愈。而若这些鸡蛋中有无蛋黄的，则表明病无法治愈，故百姓们常用此法来为自己诊病，皆传十分的灵验。

一次，茅盈回来告诉同族子弟说："道为物宗，学修可得，最要紧的在于忘掉这世间的荣华富贵，我时常回来的目的就在于规劝我的两位贤弟和普天下立志修道之人，还望他们无须再沉迷于世间的名利苦海之中，应及早参透这世间虚幻的梦景，随同我一同修炼那至真无上的仙道妙法。吾二弟、三弟，虽眼下仍贪恋这世间功名的幻景，可他俩终归是会有醒悟的那一天的，到那时他俩必会辞官前来找我，去一同修炼那成仙的妙道。我要去的地方，是位于江东的句曲山。此山钟灵毓秀，诸洞相连，穴岫绵长，确为仙家所居的洞天福地也。过去我曾同恩师南极元君约定，先居此山，以自修大道，敬奉天命，然后镇彼大霍，居于赤城。"随后，茅盈便登羽车升天，往东而去。越长江，暂时居于句曲山的游洞宫。

两位弟弟听到兄长茅盈那些神奇的事迹后，逐渐相信他已修道成仙，认为仙道是可以学修的。遂决定辞官封印归

◎ 茅盈冲举

家。回家后，二弟对三弟说："大哥已修炼成仙，并非外人，我俩何不前去寻他，求他亲授道法给我俩，免得多走弯路，白浪费光阴，我们的年纪也不小了，不能等死呀！快些寻兄长解疑答惑，修道成仙为上呀。"三弟听完这番话，心中顿有所悟，双手赞成，愿随他一起去江东的句曲山寻长兄茅盈。

苦修廿一仙道成

　　茅固和茅衷二人翻过秦岭，沿长江而下，来到句曲山，与兄长茅盈相见。未曾言语，已泪流满面，茅盈对两位弟弟说："为兄在此等候二位弟弟多时了！"茅固、茅衷跪在茅盈面前道："以前我二人贪图尘世的功名，整天忙于应酬，弄得我俩心力交瘁，忧愁不断，为了做显官，还要与人钩心斗角，现在想来实在不值，真是愚蠢至极呀！兄长在家时常劝我二人弃官修仙，那时体会不深，今日想起，一旦失去兄长，就像是天塌地陷一般，人不是金石，功名富贵终有尽头，人吃五谷杂粮，生死无常，朝不保夕。因而我俩在家研读兄长所留经书，只因不得要领，修仙无从下手，现在过江来江东见兄长，可得道法口诀，养生教诲，更重要的是请兄长传授给我们如何下手修仙的方法。"茅盈叹口气道："两位弟弟年龄已进入暮年，身体中的精、气、神已损耗过多，不是短时就可以弥补的，即便得了道法妙诀，也只能修证地仙！"茅固、茅衷道："能修证地仙，我俩也就心满意足了。"茅盈道："那好吧，自今日起，为兄就传授你俩服五牙与咽液之法。"茅固、茅衷满脸疑惑道："弟弟们愚钝，请问兄长何为服五牙？"茅盈心想：看来我这两位弟弟真有了修仙之心。他满脸笑容地答道："所谓五牙即为五方所生五色之气，它们是同人身脏腑之气相感应的，服五色之气，可充实身体脏腑之精气，让凡人除病延寿。若是修仙道之人还能具有吸纳万物精华的作用。凡习服五牙者，首先必要明白行五牙之气以入五脏，如此平素修炼的效果才能有所提高。东方有青气入得肝脏，与眼连通，在体内则为经脉；南方赤气入得心脏，同舌连通，在体内则为血；中央有黄气入得脾脏，同口连通，在体内则为肉；西方有白气入得肺脏，与鼻连通，在身体则为皮；北方有黑气入得肾脏，与耳连通，在体内则为筋骨。在服五牙

之气时，须懂得运用人的心念让五牙之气与体内脏腑之气相感通；如此五牙之气方能遍游全身。在服青气之时，还须得存想青气入得肝脏、青气氤氲、内外之气相冲和时的意象，然后，静念此混和青气，流走经脉之内，进而散布至体内诸脉之中，紧接着再服其余四牙之气。服五气最好在子正时刻，清洗整衣后，进入静室焚香，所坐的方位须与服五牙的方位一致，如，服青牙时，应坐于东方。这样便可消弭旁念，以心念导气，运行不止了。"茅固、茅衷听后，说："多谢兄长的赐教。"自打这以后，茅固、茅衷每天都勤加练习，不久，茅盈根据两位弟弟的体质，给他俩服不同的仙丹，他对茅固说："二弟，你得服广成凝气丸，现交给你服下。"对茅衷说："三弟，你得服老君复婴丸。"茅固服"凝气丸"，以集聚体内精气使其不漏；茅衷精气较为充实，服"复婴丸"。后又行持修真炼性大法，静思存神，不懈修持十八个春秋，面色如童颜。此时，茅盈才开始传授他俩仙术，口授修仙秘诀太极玄真之经，以摄运体内精气，理顺魂神。三年之后，神光初现。茅盈又各赐二人九转还丹一颗。两位弟弟如是修炼，已达至臻境。于是，二人仙道修成。

父老歌谣世咏颂

　　这时，茅盈携两位弟弟赶赴龟山的青琳宫上奏西王母，自述两位弟弟蒙天恩垂询，得证地仙，请赐仙职。依道教说法，凡仙道修成，都要受天界的敕封，即《茅山志》所说："仙法要当佩箓受箭。"西王母说："你年少修仙道，勤勉不辍，我念你道心坚定，故传尔道法，得成仙道，为尔保举，太上应允，授尔仙职，自上古以来，如你们兄弟这般俱已修道成仙，在世间实不多见也。这是由于你们的高祖得道，功德无量，以致泽被苍生，积德所感，乃生你们温良，宅心仁厚，行德累功，道心至诚，你屡次求授尔两位弟弟仙职，今日再赐尔保形虚神丹，可让他俩沐浴斋戒后服下，不过要嘱咐他们千万不可任意妄言。"茅固、茅衷服了保形虚神丹后，达到形神合一之境。又斋戒数月，奉命朝拜总真上宰、太虚赤真人等各方的仙真；最后奉西王母命，至龟山加授仙职，传授紫素宝文，交给茅固、茅衷。茅固受封"地真上仙定录神君"之职；茅衷被赐"三官保命仙君"之位。据《茅山志》载："至此，

◎ 二茅君茅固

茅盈大司命君句曲山已四十三年，至汉哀帝元寿二年庚申岁，年一百四十有五。"汉哀帝元寿二年，即公元前1年。西王母与南极元君、上元夫人等众仙一同下降茅山，王母命侍女取出《三元流珠》、《丹景道精》、《隐地八术》、《太极绿景》四部经书，传茅固、茅衷。又命李方明出《太霄二景隐书》及《阴阳二景内真符》传茅盈。与此同时，上元夫人左手执四部经，右手执受书，向茅固、茅衷念祝词，念完二人即拜受灵书。《茅山志》上说："三天真皇圣母，上元告真，统领十方仙真玉女名录。"紧接着，西王母手拿《太宵隐书》，又命侍女张灵子将上仙受书，即"交信之盟"，授给大司命君茅盈，并指天而祝。祝毕，茅盈双膝跪下接受隐书。这就是凡人成仙之时所需履行的神授仪式。其后，西王母与上元夫人身驾祥云先行离去，唯独南极元君没有离开。之后茅盈与两位弟弟辞别，跟随南极元君赶赴赤城玉洞宫。临走前对两位弟弟道："我今日就去上任了，以后便不能经常回来，下次我们兄弟再相见得过大约十五甲子了（一个甲子为六十年）。不过每年的三月十八、十二月初二我恩师南极元君与南岳太虚赤真人自会来到两位弟弟这里，你们可要切记呀！有诚心修仙的人，我自会护佑他们，使修仙者慧性大开，了悟道玄。"说完，茅盈与南极元君也身驾祥云而去。自此，茅固、茅衷留在句曲山，将这一方的生灵治理得井井有条，风调雨顺，万物安泰；百姓有求，无不感应，护佑之恩，众口称赞。因此，后来人们将句曲山改叫茅山。到东汉时，居于茅山周围的百姓都流传着这样一首父老歌谣：

　　"茅山连金陵，江湖据下流。三神乘白鹄，各治一山头。召雨灌旱稻，陆田苗亦桑。妻子咸保室，使我自无忧。白鹄翔青天，何时复来游？"

　　这首歌谣主要表达了住在茅山周围的百姓对三茅真君为民办实事、排忧解难、有求必应的感激之情。

济世除妖惠泽民

　　这九百年的岁月说长不长，说短不短，但人世间已改朝换代数次。眼下是公元 904 年，即唐昭宗天佑元年，此时的大唐帝国早已没有了当初贞观、开元的繁华，自安史之乱以来，唐朝国势是越发的衰败，全国各地逐渐形成了军阀割据的局面，各地军阀为争夺地盘而发动战争，弄得天下民不聊生，流离失所，天灾人祸不断。帝国大厦摇摇欲坠。

　　话说茅盈任职也已九百载，正打算履约回归江东探望两位贤弟。突然他望见天上出现了荧惑守心（荧惑是火星的古名，荧惑守心为火星在一段时期看上去停留（徘徊）在二十八宿中心宿二附近的现象。古代占星术认

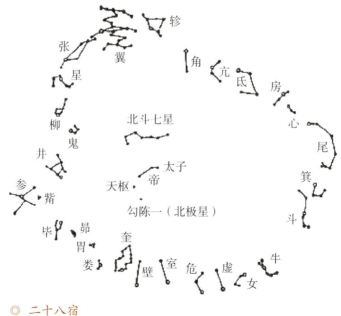

◎ 二十八宿

为，凡发生这种天象均暗示着对帝王是非常不利的）的星象，而天上的斗星（即北斗七星）也暗弱无光多时（《甘石星经》中说"斗齐明，国昌；总暗，则国有灾起"）。顿时他心里就生出担忧，自语道："看来唐朝的气数将尽，人间又要更换主人了，黎民百姓又要遭殃了。看来我得先去江东的各州府了解一下百姓的境况后再与二弟相会了。"说完，便出赤城玉洞宫。跨上西王母所赐金牛，驾着祥云向江东而去。

这年，江东地区的天气十分异常，入冬之时冷得厉害，可至寒冬腊月，气温便又渐渐升高。接近农历新年时，天气真好似阳春三月一般，正如诗中所云"胜日寻芳泗水滨，无边光景一时新。等闲识得春风面，万紫千红总是春"，润州城中的百姓正兴高采烈地准备出城踏青春游哩！

可谁都没料到，一场突如其来的大瘟疫正开始在润州城中爆发。疫疾先是从儿童之间迅速传播的。最初，在孩子们身上出现发热、头痛、咽痛、咳嗽、畏寒，夜晚则会做噩梦说胡话、冒虚汗，父母们整宿守在子女的身旁，他们万分担忧以致心力交瘁，有些也感染上了疫疾。

恰在此刻，茅盈骑着金牛来到润州城，当他听说城中正有瘟疫流行，不敢怠慢，立刻入城。他细细地巡诊才知，这城中百姓大多得的都是流行性感冒、腮腺炎、水痘等春季传染病。茅盈心知肚明，这些传染病原为儿童易感之疾，但也可进一步传染给他们的父母亲戚。他赶忙配制药方，没日没夜地给城中百姓治病。他还把润州城里所有会医术的人集中起来，传授给他们治这些病的方法，随后让他们到各家各户中去给人治病。过了十多天，绝大部分的人都康复了，瘟疫也得到了控制。茅盈这才笑逐颜开，放心地离开了润州城。

茅盈出城向西而行，傍晚时来到一个小村庄，但见村庄中稀稀疏疏只有十几户人家，他走到一户家门前，敲门问道："请问有人吗？"屋中的人回答道："谁呀？我这就来开门。"吱呀，门开了，茅盈见到一个粗布衣衫的老汉，可以看出这是一个朴实勤劳的庄稼老汉。茅盈拱手说："老丈，我是从外乡回来省亲的，现下天色已晚，想借贵宅借宿一晚，不知可否？"那老汉答道："噢，当然可以。请进吧！"

进得屋内分宾主落座，老汉问道："客人贵姓？要回哪探亲呀？"茅盈道："敝人姓茅。回句曲探亲。"老汉听后点点头。茅盈见老汉面带愁容便问道："我见老丈面带忧容，不知有何烦心之事呢？"老汉叹了口气答道："茅先生有所不知，离我们村子不远有座小山，山里有一只玄狮精，平素住在玄狮洞中，每隔一段日子，这玄狮精便下山伤害人畜性命。它还扬言，要它不多伤性命也行，但每年必须奉祀一对童男、童女给他修炼时用。这次刚好轮到我家头上。你说我能不为此事发愁吗？"茅盈听到此，心中怒火中烧但不露面色，他安慰老汉说："老丈放宽心，你的子孙不会有事的。"老汉苦笑道："茅先生，你不是在蒙我老汉吗？"茅盈急忙解释道："不，老丈，我没有蒙你。是这样的，我是修道之人，曾学过一些道法，我想是可以除去那妖孽的。"老汉用怀疑的神情问道："真的吗？"为了打消他的疑虑，茅盈当着老汉的面使出道术，老汉看后是目瞪口呆，立即跪下说："原来茅先生您是神仙呀！"茅盈见状将老汉扶起说："老丈，请放心，除妖这件事就包在我身上了。"

◎ 润州道院山门

第二天，茅盈便骑着金牛赶往山中的玄狮洞，来到洞前，茅盈大声道："妖孽玄狮精，还不赶快从洞中出来受死！"且说这玄狮精还在洞中熟睡，听到叫嚷声，愤怒地冲出洞来，向着茅盈猛扑过来，茅盈往旁一闪，随手拔起洞前水中菖蒲，挥一挥成了一柄锋利无比的宝剑，迅疾凌空向那玄狮精劈去。

这玄狮精修炼已数百年自是不弱，摇着头，甩着尾，"呼"地自嘴里喷出一片毒烟。这狮精借着毒烟，张开血盆大口，冲着茅盈猛扑过来。

这时候茅盈却已心中有数，心想：倘若不除掉这玄狮精，附近的百姓就永无宁日！只见茅盈对坐骑金牛道："金牛，你还不赶快吐出黄雷珠，助我除妖。"金牛接到主人的指令，就听得"轰隆隆"一声巨响，立马从嘴里吐出黄雷珠，将那玄狮精击得在地上打滚儿。一时间身边的毒雾随之消散，玄狮精也现出了原形：原来就是这么一只小狮子。炽热的神火烧着它那满身狮毛，发出"嗷嗷"声，玄狮精痛苦地撕扯着自己的身躯，绝望地号叫着，不久便形神俱灭了。

茅盈见玄狮精已除，便安心地去句曲与两位弟弟相会了。

此后，人们在得知玄狮精是被茅盈除掉，并死于其坐骑金牛的黄雷珠之下，便将这座小山叫做金牛山。而润州城的百姓亦纷纷捐献财物建起了纪念茅盈济世除妖功德的茅君阁。至北宋时，又将茅固、茅衷一块加以奉

◎ 古三茅宫门额

祀，茅君阁也改名为三茅宫。后来，由于战火的洗礼，三茅宫命运多舛，屡建屡毁，导致现在已无从知晓古时三茅宫的情况，不过，三茅宫润州道院保存了十多年前在长江附近发掘出的一块刻有可辨识"古三茅宫"字样的石碑。从石碑我们可了解到，在公元1897年，即清光绪丁酉年十月，有一位名为清修的道士建了这座古三茅宫并做了主（住）持。由此我们可以确知，在清末镇江市的长江附近建有供奉三茅真君的宫观。不知是由于自然地质变迁，还是近代战火频繁的缘故，这座古三茅宫迄今仅留下了这块石碑。而镇江市区至今还留有三茅宫的地名，这一地名的由来是否与这座古三茅宫有关现已无从考证了。如今，镇江地区供奉三茅真君的有镇江润州道院（三茅宫）、镇江市润州区蒋乔镇十里长山的万福宫、丹徒区的横山三茅宫、句容市茅山镇的茅山道院。另外，还有以三茅命名的乡镇——扬中市的三茅镇。

　　值得指出的是，三茅真君在道教神谱中的地位是相当显赫的。南朝梁时，陶弘景所撰《真灵位业图》称大茅君茅盈为"司命东岳上真卿太元真人茅君"，列上清左位；中茅君为"句曲山真人定禄右禁师茅君"、"右禁郎定禄真君中茅君"，列太清左位和第六中位；三茅君为"三官保命小茅君"，列第六左位。至宋代曾多次加封。茅盈被封为"上茅九天上卿司命太元妙道冲虚圣佑真应真君"，茅固被封为"中茅地仙上真定禄右禁至道冲静德佑妙应真君"，茅衷被封为"下茅地仙至真三官保命微妙冲慧神

◎ 三茅君茅衷

佑神应真君"。

　　三茅真君的信仰在镇江，乃至江南地区能够绵延、兴盛长达一千多年，其根本原因就在于这里有道教中的重要道派——上清派。

上清法脉延千载

三茅宫（润州道院）恢复建成至今虽只有十多年，但其法派却起自魏晋南北朝，自九代宗师陶贞白在茅山创派以来，历经了隋唐时的兴盛、宋元时的延展、明清时的沉寂，迄今依旧潜藏着勃勃生机，在二十一世纪的今日焕发出熠熠光辉。

当你走进三清殿看到一尊左手持龙头拐杖、右手拿灵芝的神像，他不是别人，正是开创本派的宗师陶贞白（陶弘景）了。不过在谈他之前，还是先谈谈上清派的传承，说一说生于唐朝贞观年间，作为"仙宗十友"之一的博闻高道司马承祯的事迹及其《坐忘论》的修道思想；生活于开元年间，称为诗文道者的吴筠及其在镇江登北固山望海的心情；讲述太师南岳魏夫人的动人故事。但是小道还得从人们心目中通常认为的上清派道士的形象说起。

上清宗谱传百世

你或许会纳闷：我们的心中并没有上清派道士的形象呀？读者朋友有这样的困惑一点也不奇怪，因为上清派是道教内部及研究道教的学者的称呼。它的另一个称呼想必你就熟悉多了，这就是茅山派。

这个派名大家可能就不会太陌生了，因为如果你曾看过20世纪80年代拍摄的香港僵尸鬼片，对由演员林正英塑造的茅山派道士形象大概会有比较深刻的印象吧！

他通常的茅山道士形象都是"头戴纯阳巾，身着黄袍，一字眉，冷幽默，身手敏捷，就连捉鬼时画符念咒都有独特的造型"。譬如，在1989年他自导自演的《一眉道人》便讲述了与茅山道士有关的故事。该片将民间"养鬼"之说改成"养小僵尸"，还说茅山道长与小僵尸居然产生了父子之

◎ 扮演茅山道士的演员林正英

情，并且他们还共同对付西洋吸血僵尸，来了一场中西对决。影片最热闹新奇之处便是茅山道术竟降不住西洋僵尸，一眉道人无奈之下竟动用炸药爆破，但却仍然不能奏效，最终竟是引入沼泽地困住西洋僵尸，方才大功告成。

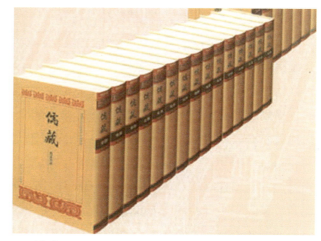

◎ 儒藏

整部《一眉道人》搞笑刺激，茅山道长与基督教徒的"鸡同鸭言"、茅山道术与西方僵尸斗在一起的新奇效果皆令观众笑声不断。但看多了此类影片，难免就会产生这样的看法：以为茅山派道士是专门同鬼或僵尸打交道的，茅山派也就成了道教中的"捉鬼派"的错觉。

那么下面向大家还原历史上真实的上清派（茅山派），让大家了解一个多姿多彩的文化世界，其中有历史、哲学、诗词、传说、医药……

上清派是道教早期最有影响的道派之一。始于东晋，兴盛于隋唐，影响几乎贯穿整个道教史。上清派主要的活动是以茅山为中心，因此上清派又叫"茅山宗"。隋唐时期上清派已闻名天下，《全唐文》中说："茅山为天下道学之宗。"由历代宗师看，上清派道士多为学富五车、才华横溢的当世贤达之人，为王公贵族所钦佩，并时常还充当帝师。正因为如此，才使得上清派在其发展过程中经久不衰。由于茅山为上清派中心，之后"华阳"就成为上清派的代指。"道门华阳"和"儒门洙泗"并列的做法，事实上已将上清派当做整个道教的一面旗帜。当然这一并列还有其深厚的基础：那就是上清派在其发展的过程中，长期以来一直作为道教的主流道派而存在，其巨大的影响及其所受到的帝王的礼遇是其他道派所望尘莫及的。上清派自创立之日起，其历代宗师有的出生于道学世家，有的为儒雅之士，这样的领袖人物从起初便造就了上清派独具的贵族气质与人文涵养。

六朝时为上清派的草创时期。这一阶段的传承为，上清派奉魏华存为开派祖师，称太师，杨羲为第二代玄师，许谧为第三代真师，直至陶弘景为第九代宗师。上清派是一个以崇奉上清经为特点的道派。因此，上清经的传播和修订便被作为其长期的要务。由于陶弘景居茅山传授上清经法，经他数十载的努力，终使茅山逐渐成为上清派的活动中心，所以其后的上清派亦称"茅山宗"。总之，到了梁代，上清派的影响已超过了天师道。隋唐时期，尤其是唐代，上清派达到了鼎盛时期。如果说六朝时上清派的影响还主要限于南方的话，那到隋唐时上清经的传播已遍及全国各地。茅山宗在隋朝获得了长足发展，上清派逐渐传播到北方。上清派在这一时期的发展，与当时的宗师王远知的活动有很大的关系。王远知极强的社会活动能力及在时局风云变幻中对皇权的把握，使茅山宗先后为隋唐的统治者所推崇。茅山宗在朝代更迭中依然保持兴盛不衰，王远知是居功至伟的。唐代时茅山宗成了道教的主流。这一阶段的茅山宗在教理上深受当时玄学思潮的影响，并吸取了灵宝斋法。这表明茅山宗在各道派之间教理教义的相互融合时所作的贡献。陶弘景主张的三教合一思想在这时也得到进一步的发展。王远知、司马承祯、吴筠、杜光庭等都是在这一阶段声名远播的道士。唐代时茅山宗已遍布天下，成为道教的主要道派，并建立了茅山、王屋、天台、京畿、蜀中等数个传教点。那时有"茅山为天下道学之宗"的美称。到北宋时，茅山宗在符箓派三山（茅山、龙虎山、阁皂山）中影响最大，仍为当时的主要道派，享有为皇亲贵戚授箓、遥礼等许多特权。这时，茅山宗历八代宗师的传承，宋时的宗师亦多得朝廷所赐先生称号。而刘混康便是其中最有成就者。如今上清派所传法脉谱系即是以刘混康为第一代的，共48字，据茅山《真人法脉》碑载为：混靖希景 守汝玄志 宗道大天 得惟自尊 克崇祖德 光绍真应 师宝友嗣 永世仁昌 公存以敬 有子必承 能思继本 端拱一成。后来又增加了48字，即《续真人法脉》碑，为：元复其始 粹清纯如 载启先觉 钦明澹支 灏演精信 神涵湛持 性定龙顺 念受敏持 懋嘉骈锡 福广春堤 云章撮业 绪悉瑶芝。到了元代茅山宗历五代宗师的传承。这一

时期茅山宗主要高道为杜道坚与张雨。名道杜道坚在朝觐忽必烈时，被封为提点道教，住持杭州宗阳宫，皇庆元年（公元1312年），元仁宗授其为"隆道冲真崇正真人"。而茅山道士张雨，则以能诗善画知名天下。在公元1304年，即元大德八年，元廷封第三十八代天师张与材为正一教主，让其统领符箓派三山，至此茅山宗归入正一道。

名道辈出垂青史

在上清派的发展史上，出现了许多对道教产生过重大影响的名道。其中不乏载入史册的。这里先介绍生活在唐贞观至开元年间的两位名道司马承祯和吴筠吧！

❁ 白云子司马承祯

巍巍天台山，蜿蜒曲折，被道教称做"小南岳"。因以其赤城山洞为十大洞天之一，以灵墟洞和司马悔山属七十二福地之列。自葛玄入天台山修道，至明清时入天台山修道者不计其数，其中时有高道不断涌现，如南朝道士褚伯玉，唐代道士徐灵府、杜光庭等，而最著名者，当数自号"白云子"的司马承祯了。

◎ 司马承祯

司马承祯生于公元647年，即贞观二十一年。史书上说，他自小就好道，遍览各种道家典籍。尤其对《老庄》、上清派经典，能默记于心，知晓其中的玄妙。二十一岁（公元668年）入道，居嵩山，拜上清宗师潘师正为师。潘师正授以《金根上经》、《三洞秘录》、《许真行事》、《陶公微旨》及导引、服食之术。司马承祯悟性颇高，能融会贯通、阐扬真道、出玄如牝，深得潘师正的喜爱。他曾对司马承祯说："我自陶隐居传正一之法，至汝四叶矣。"也就是说，自陶弘景在华阳开创茅山宗传上清派之正法以来，历经王远知、潘师正，至你司马承祯已四代矣。诗云："读万卷书，行万里路。"司马承祯在获得正法后，决定参访天下，遍游名山，如他到过茅山、大霍山、衡山等。最后隐于天台山，构层轩于坛上，起名众妙台，住在灵虚的黄云堂。在此期间他一边修炼参玄悟道，一边制作利剑；闲暇之时，通过抚琴陶冶性情。

久而久之，他的名气越来越大，竟传到了当时的神都洛阳，为武则天召至宫中询问妙道，并降手谕夸奖。当他离京返回天台山时，武则天还派使者到洛桥为他饯行。

正由于此，才会有了后来的"睿宗问道"与"玄宗受箓"的故事。

公元 710 年，睿宗李旦重登大宝，他回顾自己以前做皇帝时，就如同傀儡一般，受制于人，心想：这难道都是命运在捉弄自己吗？这又该怎么办呢？

到了第二年，一日，他想起了一件事：在母后执政期间，不是曾召请了一位上清派的高道司马承祯入宫问道吗？朕何不也召他入宫，为朕分忧释疑呢？何况道教素来就有占卜推命之法，他既然是位高道，就必会十分的精通。想到此，睿宗便亲自写了一道诏书。上写："炼师德超河上，逍遥浮丘。高游碧落之庭，独步清源之境。朕初登宝位，久藉微猷，虽尧帝丕图，翘心啮缺，轩皇御历，远想崆峒。缅惟彼怀，宁妨此顾，朝饮夕伫，迹滞心飞。欲遣使者专迎，或虑炼师嘉遁。古今祎往，愿与同来，披遂不延，先此毋虑。"诏书写完后，他转念又想：朕听闻这司马承祯志慕神仙，鄙视权贵，若他不肯前来，那便如之奈何呀？正在发愁之际，忽然他发现在御案前放着不久前由吏部呈上的京师吏员花名册，于是他信手翻看了起来，当翻到第五页时，一个名字映入了眼帘：司马承祎，随后睿宗又看了他的简历，这才知此人是司马承祯的兄长。于是拍案而起道："就是你了。"

第二天，睿宗便下旨命司马承祎为使者携诏书前往天台山礼请其弟司马承祯，进宫面圣。

司马承祯见是其兄长前来礼请，而且皇帝在诏书中又说得那么诚恳，于是他便跟随其兄长来到京师进宫面圣。

睿宗接到司马承祯已到京师的消息后，便立即召请其入宫。

刚一见面，睿宗便问道："朕久闻先生大名，先生乃当世高道，朕知贵教中有一门占卜推命之术，可推知人的命运，能测人的吉凶祸福。还望先生为朕占卜一下，测测今后朕的命运如何？"听到此，司马承祯明白了睿宗召请自己的用意，于是道："陛下，吾教的占卜推命之术，其实乃汇集揣摩各色人群心理之经验方术耳。虽可用之推测人的命运，但其并非真道也。吾教凡修道之人都知'我命在我不在天'这句话。此话意在告诉修道者，只要修道者体悟了大道的真谛，并努力地去践行，就必可把握自己的命运。而我道家认为，为道者要尽自己最大努力地去减少不必要的烦恼与贪欲，所谓天下本无事，庸人自扰之。怎能还要去徒增一些烦恼呢？"

睿宗听司马承祯对自己说起了修道之理，便心生困惑道："先生，朕非修道之人，无须明了大道的真谛呀？"司马承祯听得睿宗此话后，正色道："陛下，此言差矣，道乃世间万物万象之宗源也，万物皆由道出，最终又复返于道。对农民而言，他就应懂得何时播种、何时收获及如何打理田地的道理，此乃庄稼之道；对官员而言，他就应主动去了解百姓疾苦，为民办事，依律行政，及时将民情上达君王以佐国策之据，此乃为官之道；对一国之君而言，他理应内修己德，外牧臣民。即道经云：'修之于身，其德乃真；修之于家，其德乃余；修之于乡，其德乃长；修之于国，其德乃丰；修之于天下，其德乃普。故以身观身，以家观家，以乡观乡，以国观国，以天下观天下。'此乃君王之道也。故而对陛下而言，应去考虑的是治国平天下的真道而非占卜推命之小术耳！"

睿宗仍不解地问道："先生所言甚善，只不过这道士修道何关治国平天下乎？"

司马承祯见得睿宗有此疑惑便面带喜悦道："陛下有所不知，在我道家看来，无论是修道还是治国平天下皆为一理也，都是让人们能够摒弃偏见，依事物本身之理去做，这样就可达至无为之境了，陛下，您的先祖太宗皇帝就是这样做的呀，您何不以他为榜样呀？"

睿宗听完司马承祯的精辟论述，敬佩道："今日听先生一席话，真是受益匪浅呀！令朕茅塞顿开。"

后睿宗十分欣赏司马承祯出众的才华，想要封他做朝中的大官。可司马承祯却坚决不肯，并告诉皇帝，他早已立下今生修道的愿望。睿宗拗不过他，只好答应让他离宫，临走时，睿宗还赐给他宝琴、宝衣等物。

由于皇帝十分看重司马承祯，京中的大小官员皆到城外为其送行，且多赋诗相赠，而常侍徐彦垣选取其中三十多篇美文佳作，汇编成集，取名为《白云子》一书。其后此书流传于世。

珠宝虽埋藏于深山，但哪能遮掩住它的光华呢！这白云子司马承祯想要安心修道，可就是无法得偿所愿！

至开元九年，唐玄宗李隆基又一次召请他入宫，并请司马承祯为他这一国之君授箓。李隆基受箓后，对他这位道士师父可谓是礼敬有加。可他这位师父却不愿常住京师，还多次上表请求离京。玄宗为了使司马承祯能留于京师，便下旨派"仙宗十友"之一的卢藏用去劝说司马承祯留下。

卢藏用接到皇帝的圣旨后，不敢怠慢，立刻前往司马承祯的住处劝说。可不论卢藏用说什么，司马承祯还

◎ 卢藏用

45

是坚持己见：回天台。卢藏用见劝说不成，只好退一步道："承祯兄，既然你想居山修道，何必非得回天台，这长安城附近的终南山不也是一个修道的好去处吗？"

但司马承祯却不这么想，心道：这终南山也可算得上是一座仙山，不过它距长安太近，必会经常受到皇亲贵戚的打扰，尤其是皇帝。他定会经常来往京师和终南山之间，那我可怎么修道呀！想到此他对卢藏用说："依我之见，这不是什么修道的路径，实乃为做官的快捷方式呀！这不将卢兄你修到朝廷里来了吗？"

话刚说完，司马承祯看到卢藏用脸上露出了愧色，这才察觉到自己的言语伤了老友之心了。原来卢藏用在入仕之前即曾于终南山中修道。

玄宗在得知卢藏用劝说未果的消息后，只好应允了师父的请求。不过不知是何缘故，玄宗并没有让司马承祯回归天台修道，而是敕命在王屋山建造坛室以便师父隐居修道。此后，玄宗与他的这位师父一直都保持着良好的关系。

公元735年，即开元二十三年六月十八日，司马承祯将众徒弟召集在一起，对他们说："我已被授予仙职，马上就会去上任。"黄昏时分仙去，享年八十九岁。弟子将其葬于王屋山西北的松台。玄宗在得知师父仙逝的消息后，由衷赞叹道："故道士司马子微，心依道胜，理会玄远，遍游名山，密契仙洞。存观其妙，逍遥自得之扬；归复其根，宴息无何之境。因此名登真格，位列灵官。"其后他追赠司马承祯为银青光禄大夫，谥号"贞一先生"。

司马承祯精通音律，创作曲谱，会制琴。曾作《幽兰白雪》、《蓬莱操白雪引》等，并亲为唐玄宗创作《玄真道曲》。他隐居天台山时，山中有桐树，等其成材后，手持斧头，亲自取材制琴，且为琴设计样式。

此外他还擅长冶炼剑器、宝镜。隐居天台山时，就在住处建造炼炉，炼剑制镜，均有所成。曾炼"景震剑"，又制"上清含象镜"，外圆内方，中间列有六十四卦，以取象天地，代表乾坤。其铭曰："天地含象，日月贞明，写规万物，洞鉴百灵。"所制含象镜曾进献睿宗、玄宗，二帝均赞不绝

口。崔尚就说他博学多才，文采斐然，许多人都望其项背。这并非溢美之词。

✿ 司马承祯论坐忘

司马承祯一生著述颇丰，其中《坐忘论》集中论述了他的修道思想，是他对自己修道人生轨迹的精炼之作。他在序言中说："我所体悟到的修道要旨在于以安心坐忘之法为根本，再行以一定的修道阶次，如此便可达到那大道的妙境了。"司马承祯所提出的"安心坐忘"的修炼方法来源于《庄子》。而他根据自己多年的修道体验，对"坐忘"做了这样的阐释："坐忘指的是让人们忘却自我，忘却外物，渐次达到物我一体，从而返归至道心合一的先天状态。这大概即是庄子所言的'同于大通'吧！"那道与人有

何关系呢？对此，司马承祯在《坐忘论》的开篇就给出了回答。他说："对人来说，最重要的莫过于生命了。而人的生命归根到底乃源于道。"司马承祯在这里明确告诉我们，人活着才是最大的事，才有意义，一旦死了，一切将不复存在。而人要想活着就必须了悟你生命中蕴涵的大道真谛。为此，他接着说："人了悟大道，就好比鱼不能须臾失去水那样重要。"既然道对于人如此之重要，那人们通常又是怎么做的呢？司马承祯说："在世间的人们往往

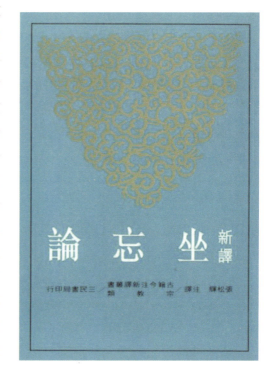

陷入功名利禄的泥潭之中而不能自拔，并且只求道德之名，不究道德之实。如此，人们的生活就好似于梦幻泡影一般，更使世人无法超脱那生死轮回的痛苦。正所谓道素不远人，而人常离道也。"那怎么样才能摆脱此种困境呢？司马承祯给我们开出的良方是：安心修道。他说："重视自己生命的人千万不要失去了大道，而重视大道的人也千万不要失掉生命。因为生命和大道是相守相保，一刻也不分的，这样才可长久。我所要说的就是人通过自己的修炼而获得的长生久视之道。"接下来司马承祯便开始具体地阐述以"安心坐忘之法"为本的七个（层）修道阶次。

首先须做到信敬。他说："信是道的根基，敬乃德之源泉。因而，只有根深蒂固才能道久德盛。"然后他又进一步说："对于我所说'坐忘'的修炼方法，信是修道的关键所在，只有那些敬仰尊重，毫不迟疑，再勤于践行之人才可最终达到大道的妙境。否则便无法达到。"这就好比一个人小时候立下了做艺术家的梦想，那么他就必然要具有坚定的信心，不管遇到任何艰难险阻都不能有所动摇，只有矢志不渝地努力去做，才可最终圆他艺术家之梦。否则，一遇挫折就生出动摇的想法，那他是永远也做不成艺术家的。因此可以说，信敬是修道的根本前提。

其次须做到断缘。他说："所谓断缘为除去一切凡尘俗事，如你有唱歌的才华，喜欢在众人面前显摆你优美的歌喉等。"那为什么要这样做呢？司马承祯告诉我们："除却那些凡尘俗事可以使你的身形免于劳累，而无为则能让你的内心处于虚静的状态。恬淡安静的生活过久了，尘世之事对你的影响也自然就越小。这样，当你愈加远离凡尘之时，就是你愈加接近大道之时。正所谓离俗远一分，即是离道近一分。此乃得道之人的必由之路。如此你旧的尘缘逐渐地得以消除，而新的尘缘又未沾染。这对你进一步修道是非常有益的。"

再次须懂得收心。司马承祯告诉我们："心为人身的君主、脏腑诸神的统帅。"打个比方，人的心就相当于我们现在所用计算机的CPU一样。他说："若人的心处于安静的状态则可以让你获得无穷的智慧以利于修道；相反，若人的心时刻处于躁动不安的状态之中，则容易使你做出诸多昏聩糊涂的事来。"而司马承祯指出，人心与道先天是合一的，这就是说人之初，心本静。那人心为什么会处于躁动不安的状态呢？这是由于人的心神随着你的年龄和阅历增长而逐渐地被外物（如名利、地位、欲望等）所污染，日积月累，心垢越来越厚，以致与道出现了隔阂。为此，司马承祯为我们开出了"净除心垢"才能"修道"的良方。他说："对于刚刚修道的人而言，关键在于须安坐，收心离境。一方面使自己的心不受外界烦忧之事的干扰，另一方面，使自己的心无须生出诸多让你烦恼的想法。这样自然就可让你进入虚无之境。而此时，你的心便又能回到起初同道合一的状态了。"不过，司马承祯指出，收心并非让你对所有的事都不去思考。如对学道方面的事，你若有所疑问，此时你就可去思考它。但是千万不能由于思考而引致伤神，从而增添不必要的烦恼。思考要适可而止，超过了就要除去，这就如同镜子那般，照物则显物形，不照物则物形消。由此可知，司马承祯所说的收心，旨在让我们从思想上消除那些有碍于修道的念头。

然后须做到简事。如果说收心是从思想上对修道者提出的要求，那么简事则是从行事上对修道者提出的要求。他说："对修道者来说，须知道哪些是分内之事，哪些是分外之事；要认识到你该做何事，不该做何事。而一旦做了不应做之事则必会耗损你的身心。"那对于修道之人应做哪些分内之事呢？司马承祯回答道："修道之人，须断简事物，做那些有益于修道炼养之事而不去做那些有损于修道之事。譬如，衣食之事，对修道之人只需粗茶淡饭，素衣陋服，以致延续性命，足矣。而无需食有美酒佳肴，穿着锦衣华服。因为这些都是无益于修道的，应予杜绝。"若修道之人明白了收心，做到了简事，这样，便使其心行相合，以利于进一步修道。

其后即可具有真观。司马承祯告诉我们："修道者在经过收心、简事的修炼阶次后，就进入了'体静心闲'的境界，即具备了观照真理的能力或说具有了真观之能。这也即是《道德经》所言：在无欲的状态下，可以观见到玄妙的景象。"那怎么做才能获得真观之能呢？司马承祯仍以衣食之事为例来予以回答。他说："衣食之事就好比我渡海所必需的船舶一样，当我已渡过海去，这渡海所需的船舶理当弃之，但不能还未渡海先将船给抛弃了。这就是说衣食之事对修道者来说，实属虚幻之事，的确不值得去追求。不过为了达至大道的妙境，仍必须凭借这虚幻之事去修道。因为你现在还未得道。虽然你现在离不开衣食之事，但要明白这只是你修道的必要手段，而你的目的是得大道之妙境。如此，你便不会生得失之心，贪求之欲，使你的心始终处于无忧无失的状态。虽然从表面上看去与常人没什么不同，但你的心却必然有异于常人，这就是真观的要义了。"此外，司马承祯指出：修道之人须"以离境之心观境"，而切忌以"合境之心观境"，譬如清醒的人，才可知道酗酒者所做的恶事；但如果他自己就是个酗酒者，自然就不觉得那人是在做恶事了。这正如诗云："不识庐山真面目，只缘身在此山中。"

接下来即可达至泰定。何为定？司马承祯指出："定就是修道之人将俗事（有碍于修道的事）彻底除尽，是得道的前提，为'安心坐忘'之法的完成。其外在表现为形如枯槁、心如止水，同时也不会受任何外物的干扰，不会生出一点欲求来。"如此便达至了"无所挂碍、无欲可生的泰定之境了。"修道之人达到"泰定"的状态就具有了泰山崩于前而不惊恐、刀剑架脖而不惧怕的能力，还可视名利如浮云，知生死如梦魇。不过，对修道之人而言，泰定的最大益处是让自己获得了无穷的智慧。他说："心为道的载体，当你达至虚静状态（泰定）之时，你原本固有的道性就会显露出来，而你也将由此获得智慧。"但须做到"定而不动，慧而不用，德而不恃"，这就好比你是个尊贵无比之人但你却不能傲慢，你是个非常富有之人但却不能奢侈一样，因为傲慢能让你失去尊贵而奢侈能让你失去富有。唯有如此，方能得大道之妙。

最后便自然可以得道。得道是修道者所追求的目标。即修道者达到的大道之妙境或修道者返回到了道心合一的原初状态。那修道者究竟得到了什么样的妙道呢？对此，司马承祯告诉我们："道乃一神奇的东西；它具有灵性，无形无象的特点；并且无时不在，无处不在；天地间的万事万物皆因它而生灭。"不过，他指出："不同的修道之人所得的大道之妙是有深浅之别的，得道深者则为形神俱妙，得道浅者则仅为神妙而形灭也。前者之人才是完全得大道之妙境也。"那这种"深浅之别"是什么造成的呢？他说："形灭神妙的修道之人，由于他过多地运用他生出的智慧而造成身形劳累，神气耗损太多，以致无法保形，使其形仍受生灭之苦，如此，自然不能完全得大道之妙境。这便是道经中所称的尸解成仙了！"

宋代大文豪苏轼曾作词对《坐忘论》赞颂道："古来云海茫茫，道山绛阙知何处。人间自有，赤城居士，龙蟠凤举。清静无为，坐忘遗照，八篇奇语。向玉霄东望，蓬莱暗霭，有云驾、骖风驭。"由此可知，司马承祯的《坐忘论》可称得上为道教史上具有里程碑意义的著作。《坐忘论》虽说是一部修炼的道教经典，但对于生活于当今的人们又何尝不可以当做是一剂消除心灵烦忧的良方呢！朋友，您是怎么看的呢？

❀ 神仙诗文数吴筠

据史书上说，吴筠天资聪颖，自幼好学，通经文，善文辞，性情高洁，不随波逐流。他从十五岁就爱上了道教，不过主修的仍是经义和诗文。自隋朝实行科举制以来，读书、科举和做官便成了一般士子理想的人生之途。吴筠早年也曾努力攻读经史，想通过科举求取功名，但屡次名落孙山。后来他干脆抛开功名，周游天下，访道寻师，过起了无拘无束的飘逸生活。

唐开元初年，吴筠去往嵩山，同年拜于潘师正的门下。中岳嵩山气势雄伟，层峦叠嶂，风光秀丽，景色迷人，到处都有神踪仙迹的传说，山上遍布道

◎ 吴筠

观，不少著名道士在此隐居修道，潘师正便是其中之一。潘师正曾师从陶弘景的弟子王远知，在逍遥谷修身传道。吴筠跟从潘师正学道，重点修习上清经法。他苦心钻研，尽通其理，较为全面地掌握了本派思想理论和各种道术。

之后离开嵩山，吴筠南游金陵，访茅山，遍访名道，瞻仰祖师清修圣地，对道教真谛有了更深刻的领悟。这期间，他还周游了江浙一带名山胜地，曾东望沧海，极眺天台、剡县，常与越中名士聚会饮酒，作诗酬唱。此期间，吴筠写出了自己的代表作《玄纲论》，结识了大诗人李白。同时，他声名鹊起，诗文四处传扬，不少诗文佳作甚至传到了京师，引起了唐玄宗李隆基的注意与赏识，不久，唐玄宗又派特使前往召请，在大同殿进行了会见。一番阔论之后，玄宗十分高兴，赐吴筠任翰林一职，吴筠向玄宗进献了自己的得意之作《玄纲论》。从此，吴筠便奉职翰林，亦常与玄宗论及道教。一次，玄宗向吴筠问道，吴筠答："最明了大道的就是老子的《道德经》了，其他的根本不必去看。"玄宗又问修仙之法，吴筠说："这是我等野人应去过问的，您身为一国之君应关心天下大事，关心黎民苍生的疾苦才是。"吴筠认为，道教精义全都蕴藏在祖经——《道德经》之中，其余的道经只是对它进一步的阐扬罢了；至于修道乃方外之人所追求的，而不是一国之君所应做的事。没错，作为一国之君理应勤政爱民、临朝听政，将天下治理好，让百姓们过上衣食无忧的生活，而不应去追求

◎ 1983 年发行的李白邮票

修炼神仙的分外之事。吴筠质朴真诚、刚直不阿的高尚品行令玄宗十分欣赏。在吴筠的影响下，玄宗在位期间对道教的推行、振兴和发展给予了有力的支持。

天宝初年，大诗人李白已经名声远扬，经吴筠等人推荐，李白被召入朝破格录用，也在翰林供职。李白才高八斗，言行远比吴筠放荡，不久得罪了权贵，在翰林供职时间不长就被迫离开了长安。李白走后，吴筠也受到排挤。排挤吴筠的主要是以高力士为后台的势力，高力士是玄宗宠信的宦官，一向信佛教，与众僧嫉妒吴筠受玄宗敬重，想方设法大进谗言，合伙对吴筠展开攻击。吴筠为修道之人，对世间功名富贵本不在乎，听到谣言很不高兴，又见奸臣李林甫、杨国忠当权，朝纲日益腐败，天下将要大乱，便多次提出辞职退隐嵩山。起初玄宗没有准许，后下诏于岳观别立道院，供吴筠修道。之后，吴筠见玄宗大错铸成，战乱将起，遂离开长安回到茅山。

吴筠回茅山不久，安史之乱就爆发了。战争波及的许多地区时局不定，江淮一带也流寇四起。吴筠继续东避，据唐礼部尚书权德舆记载，吴筠此时"虚舟泛然东下，栖匡庐，登会稽，游浙江，栖天柱，曾移身多处"。这段时期吴筠同李白、孔巢父等诗人常聚会游览，吟诗酬和。

公元778年，即唐代宗大历十三年，吴筠仙逝于安徽宣城道观。弟子邵翼玄遵从遗嘱，率众徒将其葬于天柱西麓。

☼ 吴筠望海叹仕途

话说，吴筠当年在未考取进士之后，经深思熟虑做出了一个对于他的人生而言十分重大的决定：放弃仕途之路，追求神仙飘逸的生活。这或许就是他灵魂中对道教早已有的情感所致吧！于是他离开了京师，周游天下，访道寻师。

他在路过润州（今江苏省镇江市）时，登上了润州三山之一的北固山，

◎ 北固山

并写下了一篇抒发寻仙志向的诗文——《登北固山望海》。全文如下：

> 此山镇京口，迥出沧海湄。跻览何所见，茫茫潮汐驰。
> 云生蓬莱岛，日出扶桑枝。万里混一色，焉能分两仪。
> 愿言策烟驾，缥缈寻安期。挥手谢人境，吾将从此辞。

从这首诗可以看出，当时长江在镇江这一段是相当宽阔的，被吴筠视作入海口。诗人因为没有考取进士，周游天下，访道寻师，途经润州，登北固山望海，飘飘然欲去寻仙，这是在情理之中的。诗文译成现代文大体是说：这座北固山镇京口，高高地矗立在大海边。登山看到了什么？只见那茫茫潮汐在奔腾。云雾在蓬莱岛上生成，太阳从东方极远处升起。远眺万里混为一体，叫我怎能区分出天和地呢？真愿意驾车到那缥缈的仙岛去寻觅神仙。挥挥手告别尘世，我将从这里向大家辞别……

《新唐书》这样夸赞吴筠的诗文："词理宏通，文采焕发，每制一篇，人皆传写。虽李白之放荡，杜甫之壮丽，能兼之者，其唯筠乎！"从上述记载中我们不难看出吴筠的诗在当时受人们欢迎的程度及其诗文独特的风格。

吴筠一生遍历仙山洞府，有时住山修道，有时宦海沉浮，有时同文人对诗，有时又同雅士畅玄，若李白是具有神仙意境的凡间文士，那吴筠则可称得上为颇具文采的世外隐士。现今传有一卷吴筠诗，包括游仙类、怀古类、步虚类诗作，共七十四首。虽然吴筠诗的艺术魅力与李白、杜甫相比，还较为逊色一些，不过仍具有自己的别样诗风，为大唐诗坛增添了一丝仙气。

无独有偶，唐末五代时，受钟离权点化，位列上洞八仙的吕洞宾亦如此，后来他成了道教史上的重要人物。而金元时期兴起的全真道则将他尊奉为北五祖之一，其余四祖分别是：王玄甫、钟离权、刘海蟾、王重阳。在民间则更有那流传千载、尽人皆知的八仙过海的传说。

太师南岳魏夫人

　　据《墉城集仙录》载，魏夫人是西晋司徒剧阳文康公魏舒的女儿，任城人（今山东省济宁市），名华存，字贤安。她自小慕仙道，性情虚静恭谨。遍览《道德经》、《庄子》及春秋三传、儒家五经、诸子百家等典籍。由于仰慕神仙时久，渐渐地她生出了修道成仙的意愿，并期望有一天能够白日飞升。故而她经常服食胡麻散茯苓丸，行导引吐纳之术，注重养生之道，存想静念仙真，从不与亲戚往来，常常独自处于静室之中。直至

◎　魏夫人

二十四岁的时候，她的父母强逼着她嫁给了南阳的刘幼彦。不久，她生下了两个儿子，大儿子叫刘璞，小儿子叫刘瑕。其后她的丈夫刘幼彦当了修武县的县令。这时，夫人的修仙意愿非但没有削弱反而愈加的坚定。到了两个儿子刚有自理能力之时，她便与他们分开居住，择一僻静之处继续修炼了。如此，大约过了三月后的一个晚上，忽然有太极真人安度明、东华大神、方诸青童、扶桑阳谷神王、景林真人、小有仙女、清虚真人王褒自天而降临其住处。其中，清虚真人对夫人道："听得你勤修精气，存想神真，诚心至极。扶桑帝君命我传授你修真的秘诀。"旁边的青童君道："从今日起，这清虚真人王褒便是你的仙师了。"接着太极真人道："你苦苦寻求的修仙大道，今日终于得偿所愿了吧！"然后景林真人道："虚皇知你虔心可嘉，苦修不易，你的姓名已记录在仙簿名册之上，是为仙真之候补也。不过，你今后更应勤勉修炼！"青童君又道："若是你不明白修仙道的秘法——《晨景玉经》的话，恐怕想要修成上仙之道是不可能的。过二日，你来阳涤山见我，不过你千万不要泄露此事呀！"之后，清虚真人便命侍女华散条、李明兑等，洞示明真集仙景，聚气凝神显出《太上宝文》、《八素隐书》、《大洞真经》、《灵书八道》、《神真虎文》、《高仙羽玄》等宝经，总计三十一卷，并亲自注入夫人神中。后清虚真人告诉夫人道："我以前修炼仙道的时候，因仙缘遇见南极夫人亲授我宝经三十一卷，依经修持终得正果，授予小有洞天仙王之职。今日我所传授的经文乃昔日南极夫人传我之文本。

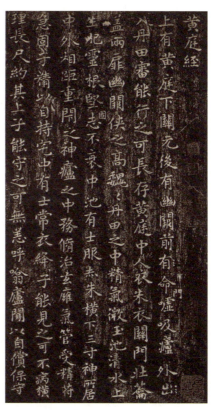

◎ 黄庭经碑刻

离此处不远的阳明西山，即是我当初修炼时所居。"于是王君起立向着北斗，默念祷告道："太上三元、九星高真、虚微入道、上清玉晨，我领太帝敕命，使我教授魏氏华存。本月戊申之日为吉也，谨按宝书《太上宝文》、《八素隐书》、《大洞真经》计三十一卷，这是我从前在阳明西山接受南极夫人的宝经。魏氏华存应谨按明法，以成上仙之道，诵修虚道，长做飞仙。如有泄露我书，尔族遭难，死入地狱，塞堵河源，九天有令，敢告华存。"祷告完后，清虚真人又道："我从仙师南极夫人那里接受秘诀，由仙师那里听到教诲说，此篇应传给诸位真人，不仅是我得到而已，你今天获得它，是太帝之命。此书从我开始应有七人得到。此宝经乃是白玉为简，用青玉作字，至华存你已是第四人了。"之后景林真人又传授夫人《黄庭内景经》，让她昼夜诵念。将它诵过三万遍以后，即可洞感身神，使六腑安适，调理三魂五脏，告知此乃修形还童之道。而后清虚真人即为夫人讲解点明经中修真的关键章节、宝经精义及修炼秘诀等。讲解完后，在场仙真吟唱，并各命侍女弹琴击钟吹箫，应和节奏而吟唱，吟毕，诸位仙真上升而去。自此以后，各路仙真皆早晚降临夫人住处，虽然她的丈夫刘幼彦就住在隔壁的院落，可却一点也不知悉。之后刘幼彦故去，此时正逢战乱之际，夫人除了养活一家老小外，还不断周济穷苦的百姓。又由于仙真默传讯息给她，使夫人预知晋朝将乱，于是携二子渡过长江。夫人自洛阳渡江抵达江南的路途中，虽然多次遇到盗贼，但都因有神仙的护佑而化险为夷。夫人因此感到专心斋戒静修，累次有真灵感应，修炼仙道的益处。终于在晋成帝咸和九年，清虚真人又与青童君、东华大神再次降临，授给夫人两颗仙丹：迁神白骑神散与石精金光化形灵丸。让她立即服食，但暂称疾不飞升。待到七日之后，太乙玄仙派遣登仙凤车前来迎接，那时你便以剑解的方式飞升而去。这时，魏夫人已八十三岁了。

　　魏夫人为上清派的太师，在道教神谱中，魏夫人被封为"紫虚元君"，治理五岳之一的南岳，所以又称"南岳魏夫人"。历史上曾有不少文人墨客作诗文歌颂魏夫人。如，元代的著名诗人虞集就写诗文赞叹道："仰瞻紫虚，巍呼祝融。飞霞成章，流响振空。日朗月辉，玉质金容。上承诸天，启我仙宗。"

在民间还流传着不少有关南岳魏夫人的美丽传说，其中流传较广的要数"挥剑斩妖猴"和"二仙救唐王"。

话说魏夫人在衡山修炼仙道，一天，她与仙友麻姑经过集贤峰附近，抬头看到前山黑雾遮天。正在此时，从前面走过来一位老妇人，她哭着告诉魏夫人和麻姑，说："二位女仙，我家闺女被衡山前山的妖怪掳走了，还求女仙救她脱离魔掌。"还没等说完，魏夫人便急着持剑去救那老妇的女儿。麻

◎ 南岳衡山

姑看到此，连忙拦道："夫人莫急，若贸然前去，怕是要打草惊蛇的，所谓知己知彼，百战不殆，你先待在此处，由小妹我化作蝴蝶探查他的来历后，再行除之也不晚矣。"说完，便变成蝴蝶飞往前山。不一刻，麻姑从前山将探得的消息告诉魏夫人道："夫人，小妹业已探明，在前山作祟的妖怪乃六耳猕猴，他就是知名于三界的孙行者的结拜兄弟。想当初那孙猴大闹玉帝的灵霄宝殿，天兵天将也奈何不得，最后幸佛陀如来及时赶到，这才制伏了他，将他压于五行山之下。后来，花果山的众猴得知这个消息后，皆慌作一团，不知所措，这六耳猕猴一看，心想：我兄长不在，该我当这花果山的猴王了。于是便向众猴言说，可众猴却觉得他猴品不端，不配做猴王。之后，众猴群起而攻之，这六耳猕猴一看，形势不妙，于是便逃出了花果

山。不久，他便来到衡山的前山，召集附近的小妖们，做起了山大王。日子久了，觉得寂寞，遂兴风作浪掳掠民间少妇长女，供其消遣之用，这老妇的女儿就被那妖猴关在妖洞的密室之中。"说毕，二位女仙即径直赶往前山，来到洞前，魏夫人怒斥道："六耳猕猴，你这孽畜，还不快些出洞前来受死！"小妖听后，立即进洞禀告，六耳猕猴得知后，来至洞前，他奸笑道："哟！从哪来的仙女，正好可解本大王的寂寞之苦。"魏夫人哪还容得这六耳猕猴如此放肆，还没等他反应过来，她手起剑落，只听得"咔嚓"一声，那妖猴已身首异处了。其后又将群妖悉数尽除。随即二仙入洞救得众女，而后消弭前山的黑雾。从此，衡山阳气蒸腾，万物欣欣向荣。

◎ 唐太宗

"二仙救唐王"的传说讲的是，隋朝末年，炀帝昏聩，致使天下民不聊生，怨声四起，各地义军纷纷起义，太原的李渊父子也乘势而起，举号大唐，经过东征西讨终于消灭了其他义军，可就在即将取得天下之时，却因洛阳一战，不幸中敌奸计，后十万唐军被敌军围困在沐涧山，而此时军中已经是弹尽粮绝，恐有被一举全歼的危险。在这千钧一发之际，主帅李世民看见一村妇打扮的老人，她左手拎着一只饭罐，右手攥着一把青草，等走到李世民面前，对他道："李元帅，你将我手上的粮草拿去解现下军中之危吧！"李世民听到此，一脸苦笑道："老人家，你这不是在说笑吗，这么点粮草怎得我十万军马所食？"老妇听后也不回答，只是将手中的东西交给李世民，然后老妇人便消失不见了。李世民这才感到蹊跷，遂将其用来犒劳三军，很快，军中士兵都饱餐战饭。李世民看到此景，顿时恍然大悟对天发誓道："仙真今日解我十万大军于危难之际，若我李世民今后有幸登基为君，必虔诚奉祀以报恩德！"李世民的军队在无后顾之忧的情况下，士气高涨，一举灭了王世充，取得了天下，建立了绵延达三百载的大唐帝国。而那解救李家军的老妇人即是二仙奶奶魏夫人。十多年后，李世民经玄武门之变登基为帝。为了庆祝他当了皇帝，便于宫中修建新的大殿，半年之后，新殿落成，正当工匠们为新殿安置殿门时，工匠们却发现这殿门不管如何就是装不上去。李世民得知这件事也心生困惑，突然他回想起十多年前对天发誓报恩的往事，因此立刻差宫役把这殿门拉到京师新修的二仙奶奶庙去。恰巧二仙奶奶庙的紫虚元君殿还没装大门，于是将宫殿的大门装了上去。别说，还真是严丝合缝。这固然是民间传说，不过现在的沐涧寺，确有《重修沐涧寺前殿并造像之记》的碑刻，碑上说："郡西北五十里，太行之阳，有胜果院，即沐涧寺也。其先起于唐贞观年间，太宗命同州刺史尉迟敬德创造其寺。"这或许可表明"二仙救唐王"的传说并不是空穴来风吧！

《大洞真经》授杨师

有关《上清大洞真经》的来源，陶弘景在《真诰》中讲："晋哀帝兴宁三年，紫虚元君上阵司命南岳魏夫人下降，授弟子琅琊王司徒公府舍人杨某，使做隶字写出，以传护军长史句容许某并弟三息上计掾某某。二许又更起写，修行得道。"上面提到的"杨某"即杨羲，而"许某并弟三息上计掾某某"即指许谧与许翙二人。《太平广记·魏夫人传》记载了魏夫人降授杨家时，魏夫人与杨君（杨羲）的一段对话。

魏夫人对杨君说："修道的人不想见到血肉之躯，即使看到了而避开它，但不如不看到为妙。"又说："刚才我路过东海时，听到波涛声响如雷。"又说："裴清灵真人的锦囊中有《宝神经》，是以前从紫微夫人那里得到的，我也有这书的西宫定本，就在玄圃北坛西瑶的上台，天真珍文全部收藏在其中。"于是授书给杨君并说："像我从前是仰掷云轮，逍

◎ 《道藏》大洞真经

遥穿行于太空，手拿宵烟，足登王庭。身飞帝宫，披宝衣吸青云，谈论九玄的逸变，沉万椿的长生，真言玄朗，高谈玉洁。如今我却要重返人间来教导我的弟子，放眼人间四处，皆是腥臭污浊。你所求的是道，所参悟的是妙。悟得道妙后，更要勤加修持，扫荡忧愁思虑，时刻念叨道妙并且谨慎修持。"

夫人又说："我昨天与大茅君去清虚宫，传授真仙的宝典和讲解人间得失之事。途经河东桐柏山时，正好碰上泥石流，一下子掉下去四十七个人，上来的仅三个。因此，修仙之人应当洗心虚迈，炼心去意，就像履冰蹈火那样，时刻谨慎，无有懈怠。长久如此，仙道就不远了。在修炼之时，应当断绝淫欲的念头。如果带着淫欲的念头去修炼道法，那将一事无成，成仙也就无望了，不但不能在生死簿上留下名册，反而要被天、地、水三官所拷问、惩罚，不可不谨慎啊！而以道为宗的人，贵在没有淫欲，成为真仙的人安于恬静愉快。学道的人不只是心诚就可以了，有诚心而不努力，有能力而不专一，这也是无益的。关键在于心专意守，摒除各种秽念。花言巧语无益于身心性命，诚实守信是得失的关键。张良三次守约，可以说是诚心于道而表明心意了。"

夫人又说："得道之人离开人世，有的明显有的隐蔽。假托肉体留下痕迹的人，这是隐蔽得道。从前有人喝两次琼液就进了棺材，服一剂药就成了烂尸。鹿皮公吞服玉华就有蛆虫从体内流出；贾季子咽下金液尸臭传到百里；黄帝在荆山火烧九鼎之躯，尚有乔岭之墓；李玉服食云散而悄悄成仙，还身首异处；墨狄喝了虹丹而投水；宁生服石脑而赴火；务光翦薤跳进清冷之泉；柏成纳气而肠胃三腐。如此之类，不可胜数。隐秘地得道，舍弃的迹象，本来没有一定。"保命君说："所谓尸解，就是假作死的形象给人看，不是真死。"南真说："人死了一定要看他的形体，像活人一样的，就是尸解。足不青、皮不皴的，也是尸解。目光不落，与生人无异的，是尸解。头发脱落而形体飞了的，是尸解。白天尸解，自然是成仙了。如果不是尸解之例，死后经过太阴暂过三官的，肉落脉散，血沉灰烂，而五脏自生，骨头像玉，七魄守侍，三魂守墓的，有的三十年、二十年、十

年、三年，当血肉再生，恢复原来形体，一定胜过从前未死时的容颜，这就叫做炼形。经过太阴改换面貌，就是三官之仙。"天帝说："太阴炼身形，胜服九转丹。形容端且严，面色似灵云，上登太极阙，受书为真人。说的就是这种情形。如果是暂游太阴的，就由太一守尸，三魂造骨，七魄生肉，胎灵制气，都会数满重生而飞天。那些用其他药尸解，不是吃灵丸的，就不能返回故乡，三官捉拿他。那些死了又活过来的，没有殡殓而失其尸体，有皮囊存在而又没了的，有衣扣没解衣在而形去了的，有头发脱落而形体飞了的，有头断已死，而人又从别处出现的，这都是尸解。白天尸解的为上，半夜尸解的为下，将暮将晚仙去的，为地下主宰者。这是得道的差异。人们修行道术，有的灾逼祸生，形体破坏气息没有了的，似乎由于多言而固执，多事而期望侥幸啊，这就正如在腐朽的树枝上垒巢而掉落下来一样，百胜失于一败，可惜呀。通仙之才，怎么可以被两个童子就弄死了呢？思虑因为没有边际而会伤人本性，心因为会引人作恶而使人丧真。因此，还不如返本归根，静心守中，穷究三神，通晓万物，这样就能洞察玄寂，与泥丸混然合为一体，而内外都获得好处。真人把心思归于一处，保持永久诚信。心归则正，神和信顺，这是好的预兆，自然的感应。但如果外现阴晦之气，而内心又有喜怒郁结，有这种情形的，我预见他一定失败，看不到他成功。地下的主宰者，乃是下品得道者中的文官。地下鬼师，乃是下品得道者中的武官。文解一百〇四年一进，武解时间是文解的一倍。世人专心于嗜好欲望，再加上昏乱而不清正，花了眼而随世。怕死而希望成仙的人，多数都是武解，这是尸解中最下等的了。"

从以上魏夫人对杨羲所言不难看出：在传授《大洞真经》之前，魏夫人用自己的见闻告诉杨羲修道成仙意义及其应具备的条件，并且讲述了仙道的品级，从而告诫他要努力修习上仙之道。

限于篇幅，有关降授的详细过程在这就不叙述了。对此有兴趣的读者可以参看《真诰》第十九卷《翼真检第一》中的《真诰叙灵》部分。自魏夫人传授《大洞真经》给杨师，从而创立上清派以来，虽得到一定的发展，但其社会影响力却十分有限，一直传到第九代才出现了崭新的局面。

九代宗师陶贞白

公元 455 年，即宋孝建二年九月的一个晚上，南台侍御史陶贞宝的夫人梦见有两个神人手执香炉来到她的住所，之后不久，她便身感有孕。后她又梦见有一条小青龙，忽然从身体里飞出，随后往东而去徐徐升天，于是她不自觉地跟随这条小青龙，可不管怎么着就是看不到它的尾巴。梦醒之后，她感到十分不解，遂对她所信任的尼姑师父道："弟子知必生下一男孩，而他将来必能成为不凡之人，但我却担心陶家就此会断了香火。"尼姑随后问她怎么会有这样的想法。于是便将梦中之事说了，那尼姑听完后便道："据你所说梦景，那他必将会出家。"

这样，大约过了九个月后，陶府中一声婴儿啼哭，打破了仲夏之夜的宁静。陶贞宝夫妇仔细地端详着刚出生的婴孩，心中欣喜万分。

这确实是一个俊秀可爱的孩子，一对炯炯有神的大眼睛，淡淡的长眉毛，雪白的皮肤，真是让人爱不释手，更令人惊异的是，在这孩子的右腿上，还密密麻麻地长有数十颗小黑痣，错落有致，好像满天的星斗一般。

或许就是由于这个缘故吧，陶贞宝夫妇给这个孩子起名叫弘景，字通明。

学识渊博的父亲面对儿子，想的是陶家昔日显赫的家世和目前的衰落，他希望这孩子将来能成就不凡，重振家业。

光阴似箭，日月如梭，陶弘景渐渐地长大。他四岁之时便开始习练书法，两年以后便已写得一手好字，到九岁的时候开始读《礼记》、《尚书》、《周易》、《春秋》等儒家经典，并且通晓经中的文意。

话说在他十岁的时候，一日，一位乡里少年对他说："通明兄，近来我找到一本奇书，不知你是否有兴趣阅读？"

陶弘景虽然年幼，但乡里之书几乎无所不窥，见好友那据书为奇的意思，也就开玩笑地说："乡里所藏之籍我无所不看，还有什么书值得你这么神秘兮兮的呢？"

那少年朋友见他一种满不在乎的神情，故意拉长音说："之所以来告诉你，自然是你以前没有看过的了！"

听得此言，陶弘景那脸顿时红了起来。原来这陶弘景虽然年幼，但聪明好学，又从无与人相争之心。因为他知道有句古话叫"学三年世无敌手，再学三年寸步难行"。所以，虽然他内心十分争强，但平素在与人问答之时，若一事不知即深以为耻。

毕竟都是孩子，在窘迫中陶弘景一时间暴露了性格上的弱点。那少年也甚觉不自然起来，只怨自己言语不慎，使好友下不来台，因此忙将手中的那本书递过去说："也不是什么经书典籍，不过是本葛洪的《神仙传》罢了。听我表兄说，这葛洪可是以前的神仙呢！通明兄若有兴趣尽管拿去一阅。"他那小嘴也能说会道，嘀嘀咕咕的一套反而使陶弘景觉得是自己的气量小了。

不曾想，就是由于葛洪《神仙传》的缘故，竟让他走上了一条与当时社会潮流大相径庭的道路。

忽然有一天，他对别人说："我看青云白日，并不是那么遥远啊！"这不正是仰慕神仙的少年对"吸风饮露，乘云御龙，而翱游四海"的逍遥景象的憧憬吗？

在他十三岁那年，时任吏部尚书的刘秉被朝廷调往淮南（今安徽省寿县）做郡守，由于其身边缺少一个出谋划策的师爷，他便想起了好友陶贞宝来，于是登门造访相告于他，而此时的陶贞宝正赋闲在家欲寻事做，考虑再三后，遂答应随同好友赶奔淮南，且决定举家迁往淮南。如此，陶弘景自然也随同其父到了淮南，直到两年以后才又返回了京师。他在回京后不久，便写作了一篇文采斐然的美文——《寻山志》。他一开始就写道："倦世情之易挠，乃杖策而寻山，既沿幽以达峻，实穷阻而备艰。"之后抒发了他在山中的源自内心的真情实感："于是散发解带，盘旋其上，心容旷朗，气宇调畅。玄虽远其必存，累无大而不忘。"文末即表明其求仙的志愿，他定会"反无形于寂寞，长超忽乎尘埃"。由此可见，少年时代的陶弘景内心深处就已有了厌倦尘世生活而向往神仙逍遥自在、无拘无束生活的强烈渴望，并立下了求仙的誓愿。这大概就是《神仙传》对他潜移默化的结果吧！

之后很长一段日子里，他都很少出门，居家安心读书，他已发誓一定要阅尽这世间的所有经籍。十七岁那年，京城中人将他与刘俣、江斅、褚炫并称为顺帝四友。因为他们四人是当时京师中最杰出的青年才俊。而要论这四人中关系最密切的当属陶弘景与刘俣了。刘俣是刘秉之子，他俩的友谊是自淮南时开始的。而就在这一年，由于陶贞宝夫妇去孝昌办事，所以他们将陶弘景寄托于时任丹阳郡守的刘秉家中。可能是由于陶弘景与刘俣旨趣相投，还时常昼夜讨论他们感兴趣的话题，故而渐渐地他俩便达到了"共味而食，同车而游"的程度。这样的生活让陶弘景感到了无比的惬意。但令他做梦也没想到的是，这一切会被一场突如其来的军事政变所打破。

宋升明元年，刘宋王朝的最后一位帝王刘准即位，是为顺帝。因新君年幼，以致实权旁落到骠骑大将军萧道成的手中，而萧道成平日目无君主与肆意妄为的言行让一些忠于刘宋的朝中大臣甚感担忧，他们担心若再这么下去，过不了多久这天下恐怕就要变成他萧道成的了。而这种情形更是身为宗室的刘秉所不愿意看到的，于是他伺机除之。果然，没过多久，当他得知袁粲被任命为守备京师建康的将军后，遂秘密与其联络共谋除萧大计。经过反复商议、周密计划，他们决定了起事的时间。而刘秉为了给此次行动造舆论，需要几个文笔出众的人为其管理文书和撰写招讨檄文。身为刘秉之子的刘俣在得知这个消息后，将这事告诉了陶弘景，希望他能助其父成事，陶弘景考虑到此事是为朝廷尽忠、尽朋友义气的好事，于是爽快地答应了。在这年冬天的一个晚上，陶弘景跟随刘秉父子来到建康城，依计划与袁粲接头，准备里应外合，一举成事。但让他们没想到的是，此事已早被萧道成所获悉，并且已安排他的亲信人马布防，待他们到来一举全歼。双方在经过一场激烈的拼杀后，袁粲、刘秉等反萧军队终因实力悬殊，寡不敌众而致功败垂成。刘秉父子见大势已去，打算逃出城去，以谋东山再起，但刚至城门即被人所擒获，最后惨死狱中。由于陶弘景是负责文书工作，还未进城，故而幸免于难。出于朋友的情谊，陶弘景冒着生命危险，亲自收殓了刘秉父子。经此重大变故，陶弘景更加坚定了求仙的意愿。不过，在此后的很长一段时间，他都因同刘秉父子的关系而担惊受怕。袁粲与刘秉等人的起事非但没有挽回刘宋王朝覆亡的命运，反而使得这一天提前到来。一年多以后，萧道成逼迫年幼的顺帝"禅位让贤"，并将其谋害。随后，萧道成登基为帝，改国号齐，是为齐高帝。至此南朝历史掀开了新的一页。

陶贞宝见儿子经常闷闷不乐、愁眉苦脸的样子，心中甚为忧虑。遂托中书舍人纪僧真向萧道成说情，望能给他的儿子谋得一官半职。虽然陶弘景无心仕途，但为了让父亲安心，同时也让自己从那痛苦的经历中走出来

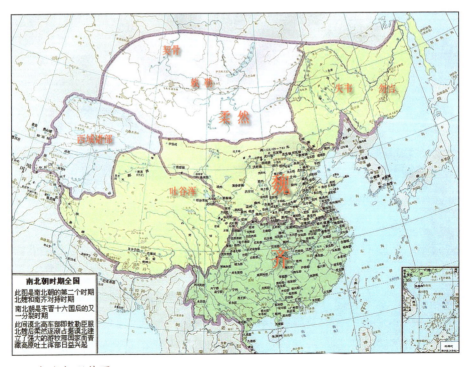

◎ 南北朝形势图

进而开始新的人生，于是他决定接受父亲对他的安排，暂时入朝为官，待机缘成熟再弃官修道。由此他开始了漫长的官场生涯。

在长达十多年的为官岁月中，最初他所做的只是些不入流的职位，如豫章王侍郎、宜都王侍读等。这些职位主要负责的是护卫诸王安全，陪同诸王读书，除此之外，还要兼理文书工作。正因为如此，充任此职的必是那些颇有才识、文笔出众之人。显然这对于陶弘景而言，是可以应付自如的。尤其是在文书工作方面更是尽显才华，无人能及。而这其实并不令人意外，他通古博今，遍览众籍，对朝廷的各种文书早已谙熟于胸，故而他所撰写的表章、笺疏及启牒等文书、典书无不成为诸王侍读的模板与标准。其他诸王侍读大都自叹不如，甚至还引来一些人的嫉妒，对此陶弘景却从不介怀。除此之外，在这期间他还担任过一些有名无实的"将军"之职。比如他所担任的左卫殿中将军，只不过是白天负责朝会安全、夜间把守宫门的头领而已。那么陶弘景缘何只是担任了这些官职不高的闲职，而得不到朝廷的重用呢？这在很大程度上是由当时国家的用人（选官）制度造成的。在魏晋南北朝时，国家选拔官吏采用的是九品中正制。所谓九品中正制就是朝廷委派"贤有识鉴"的官员（中正官）到全国

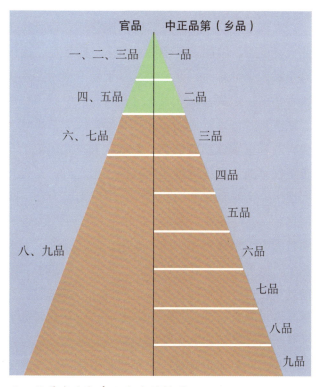

◎ 魏晋南北朝官品阶次结构图

69

的各个州、郡、县，然后由他们负责考察所在地方的士人，最后依其品德、学识、出身（家世）评定"品"与"状"，以此作为朝廷选拔官员的主要凭据。这种制度在创行之初，确实是要综合考虑所评之人的品德、学识、出身三个方面，甚至德才方面还更重要一些。可是随着中正官之职被士族门阀所垄断，品德与学识的考虑渐渐被人所忽视，以致到南朝时，出现了唯考虑所评之人出身的局面。据此不难看出，由于陶弘景出生在一个没落的士族，出身不是很好，因而他得不到朝廷的重用就不足为奇了。不过，位高权重的显官并不是陶弘景所追求的，反而是身居闲职可以使他有更多的时间做他喜欢的事情。故此，他在闲暇之时经常闭门谢客，待于自家的庭院中，整日与经书为伍，正所谓"闭影不交外物（人）"。在家中，他时而读书，时而弹琴，时而泼墨挥毫，而这似乎又让他回到永明之前的美好时光。那可是他有生以来过得最逍遥自在的一段日子了。

永明二年，齐武帝为了庆贺他登基为帝而兴建的清溪宫竣工，皇帝为此大宴群臣，席间，皇帝为了增添一些雅趣，遂传下口谕命在场的臣属吟诗作赋。皇帝有命，谁敢不从？于是争相为之。在参加宴会的群臣中，吟诗者甚多，作赋者仅五人，而在这五人中属陶弘景所作的赋为佳，他所作之赋清雅脱俗，意境深远。齐武帝看后非常喜欢，龙颜大悦，随即让中书舍人刘系拟旨褒扬陶弘景，并欲让人将此赋刻于石碑之上。此后不久，皇帝正打算破例提拔这没落士族的子弟，但因其母突然离世而作罢。因为根据惯例，为双亲守孝期间的人，不得入朝为官。陶弘景在接到老母离世的消息后，几度昏厥，伤心不已，不久之后，他便一病不起，且其病势沉重，不省人事，米食不进，药物不用，就这样过了七天七夜，他居然不治而痊愈了。但从此以后他一直都面容憔悴，说话时言语缓慢且声音也时大时小。而就是在这守孝期间，他修道的机缘终于来了，这对于陶弘景来说，可以算是有失必有得吧！一次不期而会，他有幸碰见了兴世馆的馆主东阳道士孙游岳。这孙游岳乃上清派的第八代宗师。经过几次接触，孙游岳了解到陶弘景自小就倾慕神仙，且早已立下修道的誓愿。他深知在自己所收的弟子中有虔诚之心修道的倒是不少，但是论及才华方面却没有出众的。陶弘景的出现，令其眼前一亮，他被陶弘景的才识所深深吸引，心想：这也许是神仙的有意安排吧！于是他决定收陶弘景为门下弟子。之后，他将上清派的符箓倾囊相授，并将他所拥有的《上清大洞真经》悉数传授。孙游岳此举的用意很明显，是想将他的衣钵传于陶弘景，更期望他能将上清派发扬光大。历史证明，孙游岳的选择是十分明智的。而对陶弘景来说，拜孙游岳为师将成为他人生的转折点，自此他迈出了其修道人生的第一步。不过，现在的陶弘景还只是一位在家修行的火居道士。

永明五年，陶弘景丁忧期满，回到京师等待朝廷对他新的任命。几天后，他接到了朝廷的任命书，打开一看，顿时傻了眼，陶弘景发觉三年后，自己已被边缘化了，朝廷给他的竟是"奉朝请"的官职。他心中非常不快，陶弘景虽不慕显官，但其师孙游岳曾对他说："修道之人不仅要修己还要尽自己的能力去济世度人，积德累功，为天下百姓谋福祉。如此将十分有益于你修习仙道。"听后，陶弘景将这些话谨记于心。他心想，在清溪宫的宴会之上，皇帝对我的印象不错，事后也有意委以重任，但后因为母丁忧而作罢。等期满后，朝廷定会旧事重提的。若我拥有实权，我必要为天下的百姓办一些实事，让他们过上好日子。陶弘景已暗下这样的决心，不过现实却并非他所想的那样，经过三年的时间，齐武帝也许因政务繁忙，早已将这事抛到九霄云外去了。陶弘景无奈地叹息道："唉！这还不如以前做过的侍读、将军的职务呢！"那陶弘景为何会这么说呢？这就得来看看这"奉朝请"到底是个什么官。据《宋书·百官志》上说："奉朝请者，奉朝会请召而已。无员，亦不为官。"说白了，就是整天无所事事，在每年的春秋二季去朝会与皇帝见个面、问个安。在南朝时此官职是为了安顿一些闲散官员所设的。而当时，齐朝廷中的奉朝请已达六百余人。奉朝请使陶弘景之前立下的心愿难以达成，但却使他有更多的时间来研读《上清大洞真经》。通过一年多时间的细览，他感觉虽然老师孙游岳传授的确为杨羲与许谧所撰的真本，但是这些真本在经过别人传抄的过程中出现了不少遗漏、讹误与增饰。于是他打算为了还《真经》本来面貌，决定遍访天下仙山洞府，拜谒道教老前辈，搜集《真经》手稿真迹。在永明六年终于付诸行动，他

◎ 茅山风光

先到了上清派的发源地茅山，他的诚心使得茅山的道教老前辈们放心地将他们所保存的《真经》手稿真迹交予陶弘景。他为能得到这些真迹而感激涕零，兴奋不已。两年以后，他又向朝廷告假东行浙越，处处寻求手稿真迹。他先往会稽的大洪山，拜谒娄慧明居士，又去余姚的太平山拜谒杜京产居士，到始宁的𡾋山拜谒钟义山法师，最后到始丰的天台山拜谒诸僧标及附近各地的老道长，并获得杨、许手稿真迹十多卷。这次他在外游历总共二百多天，而正是这几年访道经历为他日后开宗立派做了充足的准备。

永明九年，陶弘景回到了京师，他上书恳请武帝能调任他到地方做知县，以期为皇帝解忧，并望能造福一方百姓。可最终却未得偿所愿，这似乎表明，他的官场生涯即将走到尽头了。之后，他就将自己打算隐居山林修道的想法书信告于其从兄。信中写道："我今年已三十六岁了，才做奉朝请，倒不如及早辞去，免得日后自取其辱。"陶弘景这么说也是这么做的，永明十年的一日，他写好解官表，在表章中他向皇帝表明自己隐居修道的心愿。之后他将朝服捧于手中，并将辞呈揣于朝服中，还取来表明归隐决心的鹿巾，其后，他赶奔齐皇宫的神武（虎）门，把朝服与鹿巾挂于宫门之上。随后，他又去时任吏部尚书的好友王晏的家话别。当王晏得知陶弘景的这一举动后十分担心，他深知皇帝的脾气，担心好友的这一奇异之举会给他惹来杀身之祸，希望他能终止这一妄举。可陶弘景却不以为然。

第二天，齐武帝在得知陶弘景的这一异举后，非但不责怪于他，反而应允了他的辞呈，还"赐予束帛，给茯苓五斤，白蜜二升，以供服食"。

到陶弘景离京的那天，朝中的大小官员都来为他饯行，车水马龙，人头攒动，为宋齐以来未曾有过的事。

陶弘景的官场生涯结束了，但他的修道人生才刚刚起步，在以后的岁月中，他将在茅山开创上清派茅山宗，成为上清派承前启后的九代宗师，并赢得"山中宰相"的美誉。此时的陶弘景用屈原的话说就是：路漫漫其修远兮，吾将上下而求索。

陶弘景把其隐居之地选在了"天下第一福地，第八洞天"的茅山，并依其名称——金坛华阳洞天，给自己起了个道号："华阳隐居"。他在抵达茅山后，经过仔细勘察，最终选定了位于大茅山与

◎ 陶弘景山中隐居图

中茅山之间的积金岭作为其修道之所。于是他便在岭西构筑华阳上下二馆。其中上馆用以研修，下馆用以炼丹治药。陶弘景虽然已隐居山林，但此时的他却并未与尘世完全断绝，而是时常通过与好友的书信往来获悉时局的变化。如在修华阳馆之时他便得到了宜都王萧铿等诸王的资助，同时他们还派人协助他建馆。

陶弘景通过好友给他所写的书信了解到现在齐国的百姓生活还十分艰难，这使得他在修道之余平添了一些忧国忧民的愁思，于是在一个寂静的夜晚他挥毫泼墨写下了这样的诗句："夜云生，夜鸿惊，凄切嘹唳伤夜情。空山霜满高烟平，铅华况照帐孤明。寒月微，寒风紧，愁心绝，愁泪尽。人情不胜怨，思来谁能忍！"由此不难看出，这时隐居于华阳的陶弘景对自己未能实现当初立下的为天下百姓谋福祉、让他们过上好日子的愿望仍记挂在心，难以忘怀，同时也是其内心深处对自己命运多舛、半生坎坷的自我写照。

且说在隆昌元年九月的一个晚上，陶弘景做了一个怪梦。他梦到好友宜都王萧铿满身是血地对他言道："先生，不久我将再次转世为人。"陶弘景诧异地问道："宜都王殿下，此言何意呀？"宜都王并不回答，而是又向陶弘景询问了一些神鬼方面的事。梦醒以后，陶弘景心绪不宁，为萧铿等诸王的安全深感担忧。果不其然，不久之后从京师传来了萧铿等诸王被害的消息。这究竟是怎么回事呢？原来，在这年四月随着顾命三大臣的萧晔、萧子良先后离世，朝中大权被萧鸾一人所独揽。对此，皇帝萧昭业深感忧虑，于是他派人带信给萧铿，希望他能帮助自己制衡住萧鸾的权力。但未曾想此事被萧鸾得知，他为了保住自己的权力竟生出了篡夺帝位的野心，遂立即展开行动。俗话说：先下手为强，后下手遭殃。他先于七月率兵进宫弑杀了萧昭业，并立傀儡萧昭文为帝。然后乘萧铿等诸王还未对其发难之前，抢先将他们诛杀殆尽。萧鸾一看诸王被诛杀，自己已无后顾之忧，于是就废黜萧昭文自己登基为帝，改元建武，是为齐明帝。在这场血腥的宫廷政变中，陶弘景的许多好友都牵涉其中，惨遭杀害。特别是萧铿的遇害使得他对俗世彻底绝望。之后他便决定断绝尘世专心修道。不过，在建武三年之时，齐明帝萧鸾曾多次派人来茅山礼请陶弘景出山，但都被他一一谢绝了。

光阴荏苒，转眼到了永泰元年，就在这年的七月萧鸾崩逝，他的次子萧宝卷即位，改元永元。说起这萧宝卷可称得上是中国历史上有名的荒淫无道、残暴不仁的皇帝之一了。在他短短四年的统治时期，做了无数荒唐残暴之事。如，他在一月之内要出宫游玩三十多次，且不论白天还是晚上，所往之地也是随心而定，甚至还有入民宅、肆意抢劫的嗜好，此外他在外出时还不愿见到百姓，如若见到一律格杀勿论。故而一些官员不得不在他出宫之时，提前为其驱赶行人，以致道无一人，商铺纷纷关门歇业。而更为残忍的是萧宝卷在一次出外游玩时，看到一个身怀六甲的孕妇，便指着她的肚子对身边的人问道："你们猜她怀的是男还是女呀？"其身边的人皆猜不出。萧宝卷一看笑道："哈哈，你们猜不到，我却有法让你们知道。"话毕，他竟拔出身上的佩剑，当众将这孕妇开膛剖肚。如此肆意妄为的皇帝自然使得天下的民怨沸腾，反对他的义军此起彼伏，为他的统治敲响了丧钟。

永元三年雍州刺史萧衍拥立南康王萧宝融为帝。之后他被任命为征东大将军。萧宝融令他替天行道，讨伐昏君。正所谓得道者多助，失道者寡助。萧衍的大军在短短数月之中就已打到了建康城之下。终于在这年的十二月守城将士们倒戈相向，杀死了萧宝卷，投降了萧衍。

◎ 南朝梁武帝（464-549）清人绘

翌年，朝代"禅让"的一幕再次上演，而新建之国的国号还未确定。当时萧衍身旁的智囊团（范云、沈约等人）未有头绪。正在此时，萧衍想起了隐居华阳的陶弘景来。其实他二人早在永明年间就有过往来。因二人是同乡，故而他们的关系匪浅。于是他遣人至华阳，望请陶隐居为其定立国号。不久，陶弘景便派弟子告诉萧衍，建议他将国号定为"梁"。其理由是齐末流传的歌谣中"水刃木处"成"梁"字，并援引谶语，多处皆为"梁"字，故而定国号为"梁"。到这年的夏初，萧衍又遣沈约往华阳为其择取祭天的吉日。陶弘景经过仔细的推算，最终将祭天的吉日定在了四月初八。可就在祭天的前夜，建康城上空乌云笼罩，狂风暴雨，如此糟糕的天气，怎能不令众臣顾虑重重、深感不安呢？但是到了第二天清晨，旭日东升，晴空万里。梁武帝一看龙心大悦，沐浴更衣，登坛祭天，诏告天下。祭天仪式结束后，萧衍起驾回宫，大宴群臣。正在此刻，忽闻大风又起，随后大雨亦倾盆而下，见此情状，宴会上的群臣皆异口同声地称这可真是天命呀！

正由于此，萧衍对陶弘景是格外的器重，钦佩有加，并亲写诏书，希

◎ **梁朝形势图**

望陶隐居能出山襄理朝政，为其出谋划策。诏书写毕，萧衍将其交予信使，并嘱咐他务必要把诏书亲自交予陶隐居之手。

第二天，信使便怀揣诏书马不停蹄地赶赴茅山，在陶弘景"华阳馆"前下马呈进诏书。谁知陶弘景却到山中踏青野游去了。信使只得拉上一位道人满山寻找，终于在远远的青山绿水间见那陶弘景同友人们正在把盏畅饮，极尽逍遥。那悠悠青山，白云蓝天，三两道童站立左右，真正是神仙过的自在生活。

信使不敢怠慢，急忙奔向前去。陶弘景接过诏书，从头看起，见那满篇均是萧衍以同乡友情而言大梁初创，国事很辛苦，为国为民等言语，劝说他放弃隐修生活，入朝理政。言辞恳切真诚，竟使得他无词以谢其邀。忽然文中那"山中何所有，卿何恋而不返"的一句使他的眼睛一亮：啊呀！这不就是功名富贵场中的他与我这华阳隐居之间的区别吗？他天天锦衣玉食，那帝王生活我可享受不到，也享受不起。但我隐居逍遥的乐趣，即便是帝王也无法来体味！他这九五之尊，怎会了解我的心性和乐趣呢！

这时，在徐徐清风的吹拂下，白云飘于蓝天之上。这天是多么的纯净呀！这云是多么的洁白呀！人如能跃入这蓝天白云也许才能彻底净化自我吧！他不由得思绪涌动，那应诏的言辞也立即进入心中。

他急忙走到放有笔墨纸砚的一方平整石桌前，提笔在白绢上一挥而就。众友人忙上前观看，同声叫好！有一位竟情不自禁地朗诵道："山中何所有？岭上多白云。只可自怡悦，不堪持赠君。"说话间那墨迹已干了，遂装入信筒，交付信使而去。

信使回京，立即呈上。梁武帝展开观看：只见在那水草肥美的旷野上，有两只水牛，一牛自由地食草漫步，极尽逍遥自在；另一牛戴上了金轭头，显得尊贵无比，但一人执鞭驱赶而伺之。

这皇帝欣赏了一会儿，忍不住大笑起来，说："此人无所欲求，要效法那老龟拖着尾巴在烂泥里爬行，可见再无办法动摇他隐居的志向了。"便不再强勉陶弘景出山做官，但心中暗想：这牛鼻子犟起来，那"山中宰相"也不肯做，可我这皇帝还真少不了这"山中宰相"啊！

一晃十多年又过去了，大同二年，陶弘景已是八十五岁高龄，一天，他让弟子拿来笔墨忧心忡忡地写下："夷甫任散诞，平叔坐谈空。不意昭阳殿，化作单于宫"。不久这位隐居华阳的高道，即仙化于"华阳宫"中。梁武帝赐谥号为"贞白先生"。

陶弘景妙解术数，推知了梁武帝萧衍的悲惨结局，预制诗的内容指明了其后发生的"侯景之乱"，后人当然是推崇备至的了。人们都认为这位隐居华阳的高道所以被梁武帝如此看重，被世人称作"山中宰相"，并不是一时之幸遇，而是确有高深莫测的预知本领。

陶弘景著述颇丰，范围涉猎天文历法、山川地理、医药本草、冶炼制丹等诸多领域，他曾经亲造过可模拟天象运动的天文仪器——"浑天象"。其"高三尺许，地居中央，天转而地不动。二十八宿度数，日月、五星行黄道，昏明中星，见伏早晚，以机转之，悉与天相合"。十分精致，非常准确。他还推算修正过东汉熹平三年地球过冬至点的时刻。此外，他经常深入草药产地，从事有关药材采集的工作，也曾参加过宝刀的制造和"飞丹"炼制。

◎ 古老的浑天象

陶弘景学识广博，成就是多领域的。在医药、冶炼、天文、地理、生物等方面，都有一定造诣。而他最突出的贡献是在医药学上。他编撰的《本草经集注》七卷，在医药学史上具有承前启后的重要地位。

《神农本草经》是我国第一部药物学专著，大约成书在两汉之际。该书总结了自上古到汉朝人们长期累积的医药知识。共收录草药三百六十五种。

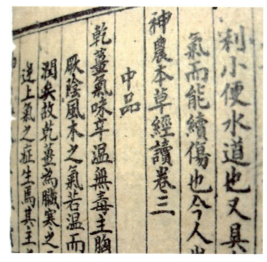

◎ 神农本草经

它按照功效和使用目的，把草药分上、中、下三品。按书中的说法，"上品"为无毒、久服不伤人、可益寿延年的补养草药。中品则一些有毒，一些无毒，多是能补体虚又兼有治疾的草药。下品为专用于祛寒邪治病的草药。这样的划分显然是受炼丹术的影响，不少地方也和事实存有出入。另外，书中还扼要介绍了药材的采集、制作及保存的方法。

到南北朝时，人们又陆续发现了不少新的药材，也发现了原有药物新的功效。而《神农本草经》也因在传抄之时，药味有所增改，产生了不少谬误。故而，他决定重新整理充实这部著作。

陶弘景对《神农本草经》中原有的草药进行了仔细的整理和勘误，同时与自己的行医实践相结合，将发现的新功用及不同的记述，逐一做了认真的鉴定与补述。

《本草经集注》共收录草药七百三十种，同《神农本草经》相比有了大幅的提高。此外，为了将《神农本草经》中原来的草药与新发现的草药相区分，陶弘景还特地用红字书写原有的药，而用黑字书写新药。这种方法不仅一目了然，而且也表明他对新发现内容的态度是十分严谨的。

　　《神农本草经》将药物分上、中、下三品。这种分类方法既不能准确区别草药的功效，亦不便于人们把握。故陶弘景创造了一种新的分类标准，即依据草药的天然来源分为以下六类，分别为：玉石、草木、虫鱼、禽兽、果蔬、米食。这种分类方法较为科学实用，也具有一定的指导意义，在我国医药学史上具有比较大的影响。后来我国编修的第一部官方药典——《唐新修本草》基本上就是依这个方法来划分的。

◎　五行、五味、五脏图

　　《本草经集注》在药物的性味、效用以及形态、采集、鉴定等方面也有了新的论述。《神农本草经》说药具五味：酸、甘、苦、辛、咸，不过由于机械地同阴阳五行观相联系，因而出现了诸多与实际不符的地方。为此陶弘景认为从药性入手，将药物的药性更精细地分成寒、微寒、大寒、平、温、微温、大温、大热等八类，使当时人们对药物性能的认知程度有了较大的提高。

隐居华阳开新宗

道教同其他四大宗教（佛教、天主教、基督教、伊斯兰教）相比最大的不同之处就在于它是中国土生土长的宗教。而又因道教诸教派的不同其所信奉的神灵也不尽一致。各神之间的渊源亦存有一定的差别。至六朝时，道教所信奉的神仙数量已相当之多，可他们之间的关系却十分模糊，甚至较为混乱。故而就很有必要对这一庞大的神仙群体进行整理，依照道教的教理教义为其排序，以此建构出一个关系明确、相互统一的神仙体系。当然这一工作在陶弘景之前已有人开始着手去做了。譬如，东晋时的葛洪便撰写了《枕中书》，该书即对道教诸多神仙的渊源做了初步的探究与整理。此后又有人撰写了《元始上真众仙记》一书，其承续《枕中书》的思路进一步扩展，对诸多神仙进行排序，不过由于其涉及的神仙数目较少，并未涉及道教信奉的所有神仙，因此，有关道教神仙谱系的问题还未得到彻底解决。至南梁时，隐居华阳的陶弘景着手编撰覆盖当时道教所信奉的一切神灵的《真灵位业图》。在书中，他

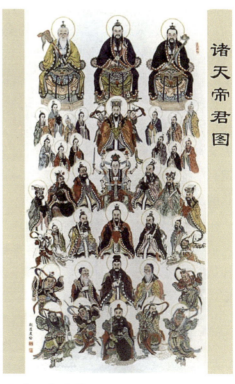

◎ 诸天帝君图

收录了当时道教信奉的数千位神灵，并根据诸神灵的影响力、其被人们的信奉程度及教理教义，来排定诸神的阶次。

《真灵位业图》中的"位业"意为："位是阶序之名，业为德行之目。"这就是说，业为某位神灵所修炼与积累的德行。而位则是诸神修累德行的结果，各个神灵修累德行的深浅，即由他们所处的阶序来体现。假如神灵所修累的德行愈深则其所处的阶序也就越高。据此，陶弘景将道教中所信奉的神灵依位业划分成七个阶次，而在每一阶次皆有一位处于中位的领神。这七位领神由高到低依次为：第一阶次：元始天尊；第二阶次：玉晨元皇大道君；第三阶次：太极金阙帝君；第四阶次：太上老君（无上大道君）；第五阶次：九宫尚书；第六阶次：定禄真君中茅君（茅固）；第七阶次：酆都大帝。而处于每一阶次中位的领神均为统领这一阶次其他诸神的领袖。在《真灵位业图》中，位居最高阶次的元始天尊、第二阶次的玉晨元皇大道君、第三阶次的太极金阙帝君，其实就是后世道教所尊奉的"三清"的最早版本。故而后世道教认为，元始天尊乃天地万物之初，在天地尚未生成以前即已出现的神灵。他是万神之神，天地万物皆由他所创生。而在天地生成之后，他便命灵宝天尊降世治理天地万物。之后世间出现了人类，于是他又命道德天尊下世济度教化世人。后来道教中人又称：元始天尊是道中之祖，灵宝天尊是法中之祖，道德天尊是教中之祖，使他们成为道教中地位最高的神灵。同时这亦是道教宇宙生成观神格化的表现。

陶弘景的《真灵位业图》作为道教第一个完整的神仙谱系，将诸多神灵依据一定的标准，区别其阶次，形成了一个位序分明、规模宏大、影响深远的神灵系统，从而结束了此前道教神灵体系散漫无章、各自为政的局面，奠定了道教在南朝以后发展的基石。

此外，陶弘景在现实生活中逐渐发觉道教的现有理论同当时的儒家与佛教相比，还有很大的缺陷和不足之处，为此他继承和发扬了道教海纳百川的优良传统，汲取儒家中的基本观念，如"中庸（和）"、"忠孝"、"仁爱"、"礼"等思想，认为通过对国家尽忠、对父母孝顺是可以成仙的。在他撰写的《真灵位业图》中即有不少这样的神仙。另一方面，他又从佛教中汲取了"除三害（贪、嗔、痴）"、"因果轮回"、"地狱"等教义，将这些融入道教理论中去，进而完成了道教理论在六朝时的一次大飞跃，同时也进一步促进了道、儒、释的相互融合。

随着道教神仙谱系的建立、道教理论的不断完善，陶弘景意识到对于此时的道教而言，可谓是万事俱备，只欠东风。而这所谓的"东风"就是将构建的新的神仙谱系公之于世，让世人了解，并信奉，宣扬新的道教理论，以扩大道教的影响力，提高其社会地位。为此，他可说是全身心投入，不知疲倦地去践行。如，他对民间百姓们大讲"万象森罗，不离两义之育；百法纷凑，无越三教之境"，并指出"崇教为善，法无偏执"；而对皇亲贵戚、王公大臣们阐明道、佛的统一性。因此在他的弟子中，就既有道教信徒，又有佛教信徒；而在华阳馆，他又"亲立佛、道二堂，隔日朝拜"。后来，他甚至"亲往郧县阿育王塔自誓，受（佛教）五大戒"，最终成了道佛兼修的一代高道。

故而，陶弘景的新道教迅速得以在全国各地，在社会的各个阶层传播开来，甚至出现了在南梁境内，人人皆晓上清经法的态势，而他门下的弟子也迅速达到了数千之众，在这当中，仅齐梁时的皇亲贵戚、王公大臣就有数百人。如，梁武帝的太子萧统、萧纲及沈约、范云、任昉等人皆十分钦佩仰慕陶弘景，以拜陶弘景为师而深感荣幸。

◎ 陶弘景铜像

　　如此，在南梁时，道教史上的主要道派之一的茅山宗便应运而生了，并在不久的将来即成了上清派宗坛，而九代宗师陶弘景即是茅山宗的开派祖师了。正因为这样，陶弘景在六朝时的影响力，超过了同一时期的葛洪和陆静修，从而成为道教史上承前启后的道教巨擘。

大字之祖耀镇江

　　据史料记载，大约在一千多年前，一个自号华阳真逸的隐士为悼念逝于镇江焦山的仙鹤，写下了一篇一百多字的铭文。为死去的动物挥笔题词，是南朝时的文人雅士的作为。完成后，被工匠们镌刻在焦山摩崖石壁上。但令他没有想到的是，在其身后将引发后世学者（如黄庭坚、米芾等）长达数个世纪的争论，而无数文人试图想象出它的本来面目。那么这是一篇什么样的铭文？它的魅力何在？这位隐士又是谁？他有着怎样的坎坷经历？

大字之祖绵悠久

　　镇江三山之一的焦山满山苍翠，宛若碧玉漂浮在烟波浩渺的扬子江中，素有"浮玉"的美称。它如同一个梦幻中的小岛，四周被长江之水所环绕 。使焦山名扬天下的是岛上掩映在银杏树林中的焦山碑林，里面珍藏着从南朝一直到清代的碑刻263方，数量之多，仅次于西安碑林。而精品之多，世所罕见，假如单从书法角度而言，焦山碑林恐怕比西安碑林更为重要。在碑林北侧，一座亭子依山傍水，里面收藏着一件被誉为碑中之王的残缺不全的石碑。这块石碑就是举世无双的"瘗鹤铭"了。有人考证，其原铭文刻石高8尺，宽7.4尺，12行，每行最多25字，约170字。

◎ 焦山

而有关"瘗鹤铭"的由来，还流传着这样的传说：

相传，在六朝时的一个春天，万物复苏，百花斗艳，一位隐士出门办事，路过镇江，登上焦山游览。他在焦山南麓定慧寺里，无意间看到有一对仙鹤，嘴尖颈长，眼蓝顶红，扇动双翅，迈开长腿，显出直冲云霄的姿态，心里十分欢喜。隐士正看得出神，耳边忽然响起了一阵"咯吱""咯吱"的叫声，但见一只仙鹤突然展开双翅，直向青天飞去；而另一只也不示弱，相随着直冲云霄。两只仙鹤在空中忽上忽下，前后相随，盘旋起舞，煞是好看。隐士看痴迷了，遂不由自主地随着仙鹤的舞姿，手指不停地划动，嘴里还喃喃地说，"要是写字个个都如这样灵活，那该多好呀！"

在一旁，定慧寺的住持看到隐士这副模样也惊呆了，过了好半天才开口说道："这位施主，你哦！哦！喜欢，喜欢，喜欢得很咧！"隐士一惊，如梦方醒，问道："不知大师肯卖否？"

住持答道："既然你这么喜爱，我就赠予你吧。"

隐士听后，拜谢道："那就太感谢大师了！不过眼下我还不能带走它

◎ 仙鹤

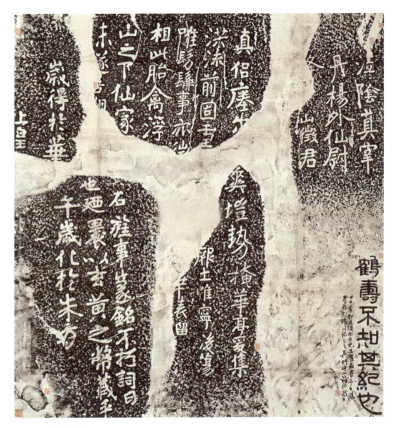

◎ 瘗鹤铭碑刻

们，等我办完事回来，再带它们，现在还得劳烦住持费心照料。"

住持点头道："行，你就放心吧！"

隐士辞别住持，兴高采烈，沿江而下。他在船上回想起山上的仙鹤，观赏两岸风景，心旷神怡，不时伸出手指在空中前前后后、上下左右地画来画去；不时提起毛笔在纸上一撇一捺、一勾一画地写来写去，写的那个字真是结构严谨，雄健舒展，字字灵活，个个仙气。

几个月以后，隐士办完事回来，心中十分惦记那对仙鹤，于是赶忙赶到焦山。隐士见到住持，立即就问："大师，那对仙鹤在哪呀？"

住持叹口气说道："前不久，那只雄鹤得了病，没几天就死了。剩下的

雌鹤，孤零零的，十分寂寞，不吃也不喝，过了一阵也死了。"

隐士听了，伤心至极，便急忙问道："那现在它们埋在哪儿？"

住持说："在后山。"说完，住持便带着隐士赶往后山。上山的小道十分狭窄，只容一人通过，一边是悬崖峭壁，另一边是滚滚长江。仙鹤就埋在面对长江的一个无名的小山丘里。隐士看着土山，思绪万千。回去之后，他泼墨挥毫写下了"瘗鹤铭"三个大字。紧接着就写了铭文，整篇铭文有一百余字，倾诉了隐士对死去仙鹤的思念之情。那些字真可谓神来之笔，近看字字笔势开张，点画灵动，变化无穷，不落俗套；远看个个如仙鹤一般，有的伸长头颈，细长而纤巧；有的卧在地上，潇洒而妩媚；有的翘起一只脚，强劲而凝练。整篇铭文就好像有无数只仙鹤展开双翅，穿梭于云间，翩翩起舞。

完成后，隐士雇佣工匠将全文镌刻在葬鹤处的悬崖石壁上。

《瘗鹤铭》是一篇葬鹤的铭文，类似于我们为去世的人所写的悼词。

自北宋以来，它就一直受到历代书法家和文人的青睐。北宋著名书法家黄庭坚曾说："大字无过《瘗鹤铭》者！"自此，"大字之祖"的称号传遍天下。南宋的曹士冕讲："焦山《瘗鹤铭》笔法之妙，为书家冠冕。"明朝的王世贞言："此铭古拙奇峭，雄伟飞逸，固书家之雄。"清朝的王谢说："潇疏淡远，固是神仙之迹。"近代的朱剑心称其为"南朝第一，谓如天际真人，蝉蜕尘滓，书中之仙"。而康有为则把它列入"碑品"中之

◎ 黄庭坚

"妙品"，并讲："《石门刻》为飞逸浑穆之宗，《郑文公》、《瘗鹤铭》辅之。"
现今人们对《瘗鹤铭》的赞誉更是集古人之大成，有过之而无不及，譬如
"体兼众妙"；"上承秦汉，下启隋唐"；"用笔奇峭古拙，雄伟飞逸，点画
灵动，线条雄健，洒脱超逸"；"其结字核心凝聚，内劲外疏，体势开张"；
"宽博而疏放，势巧而行密，意趣飘然"等等。

笔势飞动欲仙姿

　　道家基于"道本虚无"的思想，提出了"大象无形"、"万物生于有，有生于无"的观点，而能将这些观点表现出来的最佳载体莫过于书法艺术了。我们知道，中国的文字属于表意文字，现在使用的汉字是由殷商甚至更早时期的象形文字演变而来的。作为表意文字的汉字最大的特点在于这种文字是对周遭世界物态、历验的思维摹现。正是由于这一特点才使得汉字在一开始便与世间万物结下了不解之缘，而书法艺术不仅能将汉字中本身所具有的万物之象显示出来，还因书法十分讲求黑白布局，如此，书法就不但能表现万象之有，而且也能将这万象背后的虚无恰如其分地传达出来。创作《瘗鹤铭》摩崖石刻的那位隐士正是想通过仙鹤的天然之态，用书法的艺术特点来表达他内心深处对道家思想的体悟。

　　道家文化绵长悠久，其雏形可以追溯至黄帝时期。到春秋战国，时任周朝守藏史的李伯阳（老聃）创作了《道德经》，这一事件标志着作为诸子百家之一的道家正式诞生。及至战国时期的庄子，继承了老聃思想进而撰著了《庄子》一书，倡导道家自然逍遥的人生境界。如果说孔丘和孟轲在先秦时期完成了建构现实社会秩序的"孔孟之道"，那么老聃与庄周则在同一时期完成了与自然沟通、倡导自然人生的"老庄之玄"。到西汉初期，道家文化倡导的"无为"思想造就了中国历史上的第一个治世——文景之治。直至汉武帝实行"罢黜百家，独尊儒术"的政策后，道家文化才逐渐淡出了朝堂，转而走向了民间。当历史的车轮驶入魏晋南北朝之时，因当时政局动荡，朝代更迭频繁，致使众多的文人雅士由关注朝政之事转为热衷探讨老庄玄学，崇尚"越名教，任自然"的生活态度，出现了以"竹林七贤"为代表的一大批文人雅士。此时"老庄之玄"的兴起已由先秦时的思辨性、抽象化的特点演变为生活性、对象化的特点。玄学遂逐渐成了那个时代的社会思潮。作为大字之祖的《瘗鹤铭》正是在这一时代背景之下诞生的。

而这一时期的道教尤为重视传抄道经、画符箓，因此研习书法就成为道教中人的一门必修功课，特别是在画符箓时的笔势飞动，促使了那时书法的发展。在当时，上清派的创始人杨羲、许谧、许翙，即后世道教所称的"杨、许三真君"，在书法方面皆有较高的水平。到南梁之时，上清派的九代宗师陶弘景自小就写得一手好字，对书法是更加的精通，或许正是由于这点他与《瘗鹤铭》之间存在着十分微妙的关系，给后人留下了一个千古谜团。

何人所书留疑团

　　关于"瘗鹤铭"的传说前面已经讲过，传说中的那位隐士人们通常认为是名留千古的"书圣"王羲之。但据现在定慧寺的和尚所说那位隐士却是陶弘景。可是不论王羲之还是陶弘景都没有确凿无疑的论据，这是由于铭文中只列干支，不注年号，只书其号，不写真名，因此千百年来，人们对何人何时所书一直争议颇大。总结历代认为的《瘗鹤铭》书者大体有：王羲之说、陶弘景说、王瓒说、顾况说、颜真卿说等。

　　将《瘗鹤铭》的作者定为王羲之、王瓒、顾况、颜真卿，附会的成分居多，这里就不赘述了，论据相对充分的是陶弘景。宋黄伯思力主《瘗鹤铭》出自陶弘景之手，他在《东观余论·跋邵资政考次铭文》中说："该铭据传是王羲之所书，因此，苏子美曾写过这样的诗句：'山阴不见《换鹅经》，京口新传《瘗鹤铭》。'但欧阳修认为不像是王羲之的，倒与颜真卿的相类似。之后有人怀疑是唐代诗人、书法家顾况所书，理由是他的道号与撰文者道号一致。还有人说是王瓒。可我经过仔细考证其铭文内容、书法风格，得出陶弘景为其书者。理由是：陶弘景自称为华阳隐居，铭上书真逸，这不正是他的道号吗？又因他的著作中通常只写干支不记年号，而这与铭文中只记干支不书年号相符，这是认为陶弘景所书的第二个论据。铭文所说的壬辰年，即是南朝梁天监十一年，而甲午年则是天监十三年了。根据陶弘景于天监七年，出东海，去浙江的会稽、永嘉游访，到天监十一年、十三年他正好在华阳（茅山）。后又有人见刻石有唐人王瓒一首诗，刻字颇与《瘗鹤铭》刻石的字相似，便定为王瓒所书。但王瓒书法的笔势要逊色很多，当是模仿陶弘景的书法，所以题于铭文的右侧。难怪有人误认是王瓒书。王羲之生于晋惠帝大安二年（癸亥年），逝于晋穆帝升平五年

（辛酉年），享年五十九岁。那么在晋成帝咸和九年（甲午年）时，他刚刚
三十二岁，到永和七年（辛亥年）四十九岁时去会稽闲居。他不可能才刚
过而立之年就自称为真逸了吧！又因他在这一时期不在华阳，故而由我考
证，该铭绝不会是王羲之所书。"

蔡绦赞成黄说，并补充证据，在《苕溪渔隐丛话前集》卷三十二引
《西清诗话》中说："丹阳（当时属镇江所辖）的焦山断崖有块《瘗鹤铭》
石刻，相传为王羲之所书。从晋代至唐代议论其书者都不曾有确切的结果。
而铭文上题有华阳真逸撰的落款，经欧阳修考证，认为此落款为顾况的道
号；而苏子美也写过这样的诗句：'山阴不见《换鹅经》，京口新传《瘗鹤
铭》'。认为其为王羲之所书。但我读收录在《道藏》中的《陶隐居外传》，
却得知陶弘景的号为华阳真人，晚年时，号为华阳真逸。道教经书中讲：
华阳金坛之地（茅山）为道教第八洞天，因丹阳与茅山地理位置临近，更
何况陶弘景常年居于此，因而《瘗鹤铭》为陶弘景所书无疑。"

宋代以来，将《瘗鹤铭》书撰之功归于陶弘景者还有王观国的《学

◎ 天监井栏石刻

林》、李石的《续博物志》、都元敬的《金薤琳琅》、顾炎武的《金石文字记》、翁方纲的《瘗鹤铭考补》等，这里综合一下持陶弘景说的论据：1.道号一致；2.陶弘景的著作中一般不注年号；3.陶弘景壬辰、甲午岁时恰处华阳。

而除上述历代对《瘗鹤铭》本身所作的考证为陶弘景书外，还有公元1789年，即清乾隆五十四年和1981年在江苏省句容市境内发现的两处由陶弘景所书的天监井栏可提供有力的旁证。从这两处天监井栏的题字，不难看出其书风均与《瘗鹤铭》十分接近。据此，在20世纪的80年代陈世华老先生专门撰写了一篇名为《天监十六年井栏与〈瘗鹤铭〉》的文章，阐述了二者之间的关系。文中指出，清人发现的天监井栏，上有铭文是："梁天监十五年，太岁丙申，皇帝愍商旅之渴乏，乃诏茅山道士□□永作井及亭十五口。"此井栏铭文题刻于梁天监十五年。"楷书七行，全三十五字。书法沉毅中含逸致之状，极似《瘗鹤铭》"。该井栏题字不仅与《瘗鹤铭》的书风"极似"，且据宋代黄长睿所考，《瘗鹤铭》刻于天监十三年（公元514年），二者题刻的时间仅相距二年。1981年，我们在这个地区发现的梁天监井栏，上有铭文是："此是晋世真人许长史旧井，天监十四年开治，十六年安阑。"此井栏安置于天监十六年，与《瘗鹤铭》和"十五年井栏"题刻的时间都很接近。"十六年井栏"题字与《瘗鹤铭》比照，无论其字体大小，还是书写风格，都十分相似，其中"此"、"真"及"治"与"胎"字的右旁尤为显著。

这两次在同一地区发现的梁天监井栏题字由于与《瘗鹤铭》书写的时间相近，书风极似，且两地仅相距四十多公里，因此二处天监井栏铭文与《瘗鹤铭》三者当为同一人所书。

而据史载陶弘景从小就生长在一个书法世家里，祖父辈都以善书知名于时，他自幼酷爱书法，"年四五岁，恒以荻为笔，画灰中求书"，"善琴棋，工草隶"。陶弘景书法在其生前就受到人们的推崇。当时的书画家袁昂和梁武帝在各自所列自汉至齐梁的名书法家中，陶弘景名俱在列。当时的书评家庾肩吾说："陶隐居仙才，翰彩拔于山谷。"他的书法才高境妙，由

此可见一斑。关于陶书的风格，袁昂评为"骨体骏快"，梁武帝也说："骨体甚峭、快。"陶弘景从子翊所撰《华阳隐居先生本起录》说，陶弘景"善隶书，不类例程，别做一家，骨体劲媚"。唐张怀瓘说，陶弘景"真书劲利，欧、虞往往不如"。这都说明陶弘景书法独具一格，达到了极高的艺术水平，是齐梁时其他书法家所无法企及的。"十六年井栏"铭文书法亦似《瘗鹤铭》，已如上述。这都表明，两处天监井栏题字除了当时身在该地的著名书法家陶弘景外，盖无人有这样非凡的本领了。

江底沉碑千古谜

由于焦山地处江心，山体长年受江水潮汐冲刷、风化，历经几百年后，约至唐大历年间，在一个乌云翻滚、风雨交加的天气里，随着一道闪电一声霹雳巨响，《瘗鹤铭》所附山体被雷击而崩裂坠落江中。自此《瘗鹤铭》在江底沉寂了三个多世纪。

到了北宋熙宁年间，焦山岛水域修建江道，疏浚工人从江中捞出一块断石，石上刻有字文。恰好监工是一个书家，经辨认，发现正是史书所载坠落江中的《瘗鹤铭》残石，于是上报给镇江郡守钱子高，钱立刻将残碑保护起来。由于残碑岌岌可危，钱子高就在崖边摹刻了一幅以供人们欣赏。令他始料不及的是，这个出于保护的举动却成为日后碑文拓本混乱的开始。很多文人把它当作原作钻研临习，这其中也包括陆游。北宋末，镇江知府更是凭此制作了大量拓片，并随即成为官员们相互之间馈赠的时尚礼品，史称《府刻本》。这个著名的官方讹误，一方面使伪本被当成真本而大量流传开来；另一方面，也使《瘗鹤铭》的影响更加地家喻户晓了。

清康熙五十二年，谪居镇江的原苏州知府陈鹏年，对《瘗

◎ 苏州知府陈鹤年

97

鹤铭》十分酷爱，他找来《瘗鹤铭》的各种拓本，整日临摹，很快他发现面前的各种拓本将他带入了一片混乱。从宋代到清代，《瘗鹤铭》产生了上百种拓本，这些拓本不但碑文内容不尽相同，而且字形字体也有差异，其中很多是伪本。陈鹏年认为，要得到《瘗鹤铭》的真实拓本，必须找到它的真迹。他从大量史料中判断出《瘗鹤铭》坠江的大致区域。于是，趁冬季枯水季节，不惜花巨资募工打捞，历时三月，捞得刻有字迹的残石5块，并对其进行清洗剔垢，在现场对字痕进行初步鉴定之后，连夜将石块运回府邸。他带着书童于书房内秉烛拓片，当石面上大小不一的字迹一点点显露并清晰地出现在纸上后，陈鹏年感慨万千，烛火摇曳中，他确认了这就是自北宋以来无数史料记载过的《瘗鹤铭》石刻真迹。这是七百多年来，一直在传说中的《瘗鹤铭》第一次浮出水面，向世人展露真容，而陈鹏年也因此成为七百多年来有幸目睹《瘗鹤铭》真迹的第一人。

这次出水的残碑真迹，共获93字，其中完整文字81个，残字12个。因长期浸泡江水的缘故，字迹多有残损，不过笔势开张，点画灵动，仍旧保留着原碑的神韵。打捞出的残碑，被移放焦山的定慧寺中。

《瘗鹤铭》作为中国书法史上的大字之祖，它的影响力远及海外。早在明代以前，《瘗鹤铭》的碑帖就远渡扶桑传入日本，其后备受日本书法大家良宽所推崇，并对日本书道的发展产生了不小的影响。

日本历来对中国古籍珍本十分看重。在抗日战争爆发后不久，天皇裕仁和他的顾问建立了一个

◎ 日本禅师良宽

◎ 依然留存当年日寇弹孔的焦山寺墙壁

以日本皇室成员为主的秘密组织，这一机构的成立旨在战争期间对入侵国家进行珍贵文物掠夺，该计划被称作"金百合计划"。"金百合计划"于南京攻陷之时正式实施，在作战的同时，从国内派出大批专家学者对占领区内的古籍文物进行搜索、登记和掠夺。早在 1937 年 7 月，日军已将《瘗鹤铭》列入抢掠名单。12 月 8 日，日军川边部队攻入镇江，11 日夺取焦山岛，同时一支来自上海派遣军总部承担特殊任务的小分队随后登岸，直扑焦山定慧寺。但令他们不解和失望的是，搜遍全寺也没见到《瘗鹤铭》的踪影。

原来在日军攻入焦山岛前夜，定慧寺的僧人们为保住国宝不被抢走，在监院雪烦法师带领下，举着火把冒着隆隆炮火，连夜将收藏于伽蓝殿南壁的《瘗鹤铭》碑石转移出来，秘密埋藏在一处人迹罕至的地下，从而让窥视已久的日军企图落空，也使国宝《瘗鹤铭》逃过一劫。这是定慧寺的僧人们大义凛然、充满大无畏精神的义举。直到 1945 年抗战胜利后，定慧寺的僧人才将深埋地下八年的《瘗鹤铭》重新挖出。

◎ 焦山定慧寺

　　1960 年建焦山碑林时，《瘗鹤铭》被移到宝墨轩，镶嵌在焦山碑林的碑亭内，成为中国书法史上的碑中之王。然而，这《瘗鹤铭》仍然是一块残碑，与全文 160 多字还残缺不少，1997 年、2008 年政府多部门又组织过两次打捞，并有一定收获。相信有朝一日，《瘗鹤铭》全文定会恢复它的全貌，千古之谜必将大白于天下。

"紫气东来"聚祥瑞

　　走进润州道院，首先映入眼帘的是座牌楼。道教建筑的牌楼作为一个标志性建筑，意为仙、凡二界的分界。抬头望去可见牌楼正中上书四个大字"紫气东来"，故而这座牌楼便被称为"紫气东来"门（牌楼）。这是由原中国道教协会闵智亭会长所题。那为何取此名呢？这还得回到十多年前。

　　当时，润州道院才刚刚修建，而道院的孙敏财住持正为牌楼的取名而犯愁，适逢时任中国道教协会的闵智亭会长来江苏视察道协工作。于是他请闵会长来到道院。闵会长在了解了大体情况后，问道："请问贵道院依靠的那座小山叫啥名？"孙住持忙答道："它叫金牛山。听当地百姓所传，在唐末时，上清派的祖师茅盈曾在此除过妖，而在除妖过程中，他的坐骑金牛助有一臂之力，才顺利将妖除去，故当地百姓将其命名为金牛山。"闵会长听后，想了一会儿，笑着说："哦，原来如此，那好，依我之陋见，贵道院是背靠金牛山，且整体布局是坐东朝西，还具盘龙之势，这样的情形岂不正与当初我们道祖老子骑青牛西出函谷关'紫气东来'的典故暗合吗？"孙住持听到此恍然大悟，连连点头，说："闵会长，鄙人今日受教了。"随后取来笔墨，闵会长欣然挥毫题写了"紫气东来"四字。

　　以上就是"紫气东来"门的来历。到此您会问，"紫气东来"的典故是怎么回事？这又和老子有何渊源？那是一个发生在周昭王时期的传说……

行化今古著道德

◇ 西行函谷阐道德

据《历世真仙体道通鉴·尹喜传》载，大约在周昭王二十三年，时任周守藏史（相当于现在的国家图书馆馆长）的老子见天子姬瑕（昭王）亲征楚国，大败而归，即预料到周朝国势从此将日衰，而数百年后天下也将进入诸侯割据的时代。于是他决定辞官不做，出关西游。

半月之后，他便乘着青牛，带着护卫徐甲离开了周都，西行途中所经之处皆满目疮痍，残垣断壁，田野里杂草丛生，显然已很久没有农人打理

◎ 润州道院棂星门

了。驰道上还不时有骑马的兵卒经过，甚至有的兵卒还骑着身怀驹子的母马，看到此情此景，老子实在难以忍受，对护卫徐甲叹息道："夫兵者不祥之器，非君子之器，不得已而用之，恬淡为上。师之所处，荆棘生焉。大军之后，必有凶年。天下有道，却走马以粪。天下无道，戎马生于郊。"徐甲听后，点头称是。就这样，在不知不觉之中，这一日他二人已快行至函谷关（今河南省灵宝县境内）了。

说起这函谷关的关令，他叫尹喜，出生于秦州（今甘肃省天水市），字公文。尹喜自小遍览上古经籍，尤其擅长天文历算，喜察天象云气的变化，并由此洞彻未来之吉凶。他在周康王时做了朝廷的大夫，其后召为参议军机的东宫宾友。不过，他对功名富贵不感兴趣，而是仍然去穷究天地的奥秘。为了更加便于观察天象，他亲自搭建了天文台，并称它为楼观。作为每日的必修功课，尹喜每晚都要登上这楼观仰观群星，审察苍穹之机变。一日深夜，他在观东方群星之时突然发现有大团紫气生成并很快聚集成了苍龙之象，而这一苍龙还徐徐向西移行，他心想：东方七宿合而乃成苍龙之象（见下图），现在东方有祥瑞紫气集聚成苍龙天象并西行，这不正显示东方有一圣人不久将出关西行吗？于是他向周昭王上表请求调任函谷关的关令，昭王看后，立即批准了他的请求，尹喜在接到任命书后，昼夜兼程地赶往函谷关，刚至关时即对一守门官孙景言道："孙景呀！据我推算在三月之内必有圣人途经此地。你若见到相貌不凡、服饰异常的人过关一定要立即通报于我。知道吗？"孙景连连称是。

尹喜见三月之期将到，遂沐浴斋戒，还亲自带领手下清理道路四十里，夹道烧香，以恭候圣人至关。到了这年的七月十二，果然见到驰道之上有一位皓首白发、大耳垂肩、仙风道骨、乘坐于青牛的老翁及跟随其旁的护卫正徐徐自东而来。守门官孙景看到此景，心想：这莫非就是关令大人要我留意的圣人？于是迎上前道："关令大人有命，望请东方驾临的圣人能暂留旬日。"随后孙景将二人引至关令府。尹喜在得到消息后，立即整理朝服至府外迎候，当他看到老翁后，异常兴奋地道："我今日终于得见圣人了，还愿圣人暂留旬日于函谷。"老子诧异道："老夫只不过是一个贫贱老头而

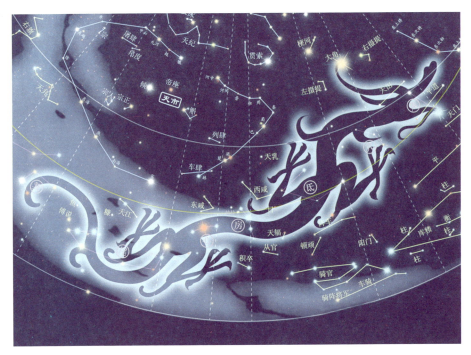

◎ 东方苍龙

已，家住在关东，今日出关只是同家人一起去办点私事，关令大人何故要我留于函谷呀？"尹喜听后行大礼道："圣人是在说笑了，您怎么会是出关办私事呢？很久以前我就知圣人必会途经此地西游。"老子不解道："你是通过什么方法知道我行踪的呢？"尹喜高兴地说："在去年的十月，我看到统理万物的天理星西行至鹑首次，而后每月朔望之日东方必集聚紫气形如苍龙之象而往西行，故而知东方必有圣人出关西游。"老子听后怡然笑道："哦，原来如此。"接着尹喜再次行礼道："敢问圣人尊姓？"老子道："我姓李，字伯阳，号聃。"之后尹喜便安排老子一行的住宿，并请求他将对天地万物、世间百态的体悟撰著成书，以便流传于世，惠及子孙万代。

在这期间，老子观尹喜这人虚心好问，器宇不凡，于是开始为尹喜著书，完成后，老子对尹喜道："老夫今日传授你《道德经》，上部是《道经》，溯及天地万物之本根，盖言万物生化之玄妙；下部为《德经》，溯及人世万态之本底，盖言人间兴衰之旨要。你要修习不息，坚持不懈，必会有所成的！切记。"说完，老子一行便离开了函谷关，后来就再没人知道他们的行踪了。

　　这就是道教中有关"紫气东来"的传说了。

✿ 《道德经》内蕴玄妙

　　《道德经》即《老子》，亦称《道德真经》、《老子五千文》等。

　　《道德经》分上下两部，凡八十一章，其中上部三十七章，下部四十四章。上部讲世界的本源，因以主要阐明"道"的真谛，故而被称为"道经"。下部讲处世的道理，因以主要剖析"玄德"的要义，故而被称为"德经"。不过，近年来的考古发现却表明，《道德经》在问世之初被当时的人们称作《德道经》，与现在正好相反。

　　《道德经》采用优美的诗歌方式向世人讲述了天地万物的无穷奥妙。整部经书自"道"阐发，因此"道"是老子哲学的基本思想，而"道"字在经中出现了七十多次。他认为：道是一种天地万物处于元始的浑沌状态，为天地之始、万物之母，为生化一切事物的源泉；道常无名，无为而无不为，它如同水那样，

◎ 尹喜拜老子

◎ 润州道院内《道德经》石刻

虽然化生恩泽于万物但又"生而不有，为而不恃，功成而弗居"。它是以柔弱克刚强，是至大的善；道是无法言说的，人的感官也无法直接觉察到它，所以是"视之不见，听之不闻，搏之不得"。

《道德经》中还蕴涵着深刻的辩证法思想。《道德经》中说："有无相生，难易相成，长短相形，高下相倾，音声相和，前后相随。"由此可知，老子已注意到万事万物矛盾背后的相互依存关系，并指出，世间万物在发展历程中物极必反、矛盾双方相互嬗变的哲理。天地万物的变化都是循环往复的，而万物这种变化的动力都宗源于那伟大的道。故而《道德经》中讲："有物混成，先天地生。寂兮寥兮，独立而不改，周行而不殆，可以为天下母。吾不知其名，强字之曰道。强为之名曰大。大曰逝，逝曰远，远曰反。"

总之，老子发现在大千世界的背后，存在某种明确的、决定事物发展变化的基本规律，并且以这个规律作为人们体察万物、获得真理和治国养生的行为标准。老子把这一基本规律叫做"道"。

但是，以当时人们对自然和社会的理解程度来说，想要探究与解决天地万物的来源这个重大的问题还是较为困难的。因此老子说："道之为物，惟恍惟惚。忽兮恍兮，其中有象；恍兮忽兮。其中有物。"由此可见，道具有一种模糊不定、无法测知的性质。这种神秘性也是《道德经》后来被道教奉为祖经，且给予一种宗教信仰的阐释，而作为宣传道教义理的基石。

清末之时，《道德经》已远播海外，闻名于世，那时欧洲的许多国家都有了《道德经》的译本，而据联合国教科文组织统计，在世界范围内，《道德经》是中国古典文化中对全球影响最大的一本书，远超过《论语》。由此可见，它无愧于是我国哲学史上首部具有严密逻辑体系的鸿篇巨制，它具有的深邃思想与无穷智慧，推动了中国历史在政治、经济、文化、社会各个方面持续不断地健康发展。

✿ 无为而治开盛世

《道德经》第三章中说："不尚贤，使民不争。不贵难得之货，使民不为盗。不见可欲，使民心不乱。是以圣人之治，虚其心，实其腹，弱其志，强其骨；常使民无知、无欲，使夫智者不敢为也。为无为，则无不治。"由此可见，无为而治是道家治国的基本思想，其要点在于"为无为"和"无为而无不为"，具体地说就是"劝执政者少干预"与"使百姓无知无欲"。中国历史上出现的诸多太平盛世无不与"无为而治"的治国思想密切相关，其中最典型的当属"贞观之治"了。

"贞观之治"是唐代初期出现的"君明臣贤，励精图治，社会太平，国力鼎盛"的盛世。贞观初，国家才刚刚摆脱战争的痛苦，经济凋敝，土地荒芜，百姓们的生活十分艰难。然而没过几年，在唐太宗和政府各级官吏的齐心协力、共同努力之下，国家的社会、经济状况迅速得到恢复与发展，百姓们的衣食基本得到保

◎ 石刻《道德经》第三章

◎ 贞观之治繁荣景象图

证，人口持续增长，社会各行各业均有一定程度的发展，甚至出现了"监狱闲置，路不拾遗，夜不闭户"的盛世景象。一个刚从战争中走出的国家，能有这样一派繁荣昌盛的局面，那就不得不来说说这个有作为的君王——唐太宗的治国方针了。

唐太宗李世民的治国之道，归根到底，便是"无为而治"、"以民为本"的治国理念。他在登位之初，即实行轻徭薄赋的政策，使百姓们得以休养生息；他体恤百姓之苦，从不随意征发徭役；他还精简行政，裁减冗员，切实地减轻了百姓的纳税负担。他从隋亡的教训中，充分认识到民乃国之根基的道理，因而他十分关心百姓的疾苦。他时常说："民，水也；君，舟也。水能载舟，亦能覆舟。"

唐太宗还特别重视人才。他明白只有选用大批具有真才实学的人，才能实现天下太平的目标，所以他求贤若渴，只要能协助他治理好天下的人，他都会破格任用。在贞观时期，许多社会贤达都聚集在从中央到地方的各级政府中，他们上下一条心，使"贞观盛世"最终得以实现。

作为帝王的李世民同其他帝王相比最突出的优点就是非常乐意朝中的官员进行直谏。因此贞观时的各级大小官员都敢于上谏言。而唐太宗常常通过官员们的谏言进行自我反省，发现错误及时改正。

话说在贞观四年的时候，李世民为了便于巡游东都，遂下旨征调民工为其兴修洛阳的乾元殿（炀帝时初建）。时任给事中的张玄素听闻此事后，心中甚感担忧，于是上书谏言道："臣以为此举万不可为之，缘由有五焉！

其一，昔始皇嬴政本想依凭其吞并天下威慑力所建立的大秦帝国传至千秋万世，但事实上仅传二世就覆亡了。这是何缘故呀？显然这是由于他们的穷奢极欲、横征暴敛，以致百姓们苦不堪言、无法生活所致。而正所谓，君逼民反，民不得不反。由此可知，强大的武力只可以取得天下，却万万不可用它来治理天下，也就是说作为一国之君须懂得马上打天下、下马治天下的道理。否则就算是神灵也不可能会帮他的。其后，汉代秦兴两百多载，何故也？此实乃汉初文景之治的功劳呀！在汉文帝与景帝之时，自帝王至县丞均倡导'勤俭节约'的生活行政理念，同时颁布了一系列减轻百姓赋税的政令（如由原来的十五税一改为三十税一），并始终如一地去执行。这才使得汉朝有了两百年的江山基业。如今陛下才刚刚平定天下，正是万事不备、百业待兴之时，因此更应以'无为而治'为本，尚'勤俭节约'之风，而陛下您更应率先行之，为百官之范。可现在陛下却因东都未有宫舍，即下旨兴修。如此一来，上行下效，调往各地的官员势必因所任之地未有府邸而征民兴修，这样做岂不使得各地怨声载道，天下祸乱再生吗？其二，陛下在刚攻下东都的时候，当您见到城中那极尽豪奢的宫殿，立即传令将其全部拆除，您的这一举动真是令当时城中的百姓拍手称好，民心所向。怎有当初厌恶那豪奢的宫殿，而如今却又去效仿之理也？其三，陛下不要一见地方的奏报，就生出巡察各地的想法，因凡事都有轻重缓急，若非重急之事，如此行事岂不徒劳无功，得不偿失吗？如今我大唐立国尚浅，国家的财力还十分有限，根本无力兴修这样奢华的宫殿。此外，一旦沉重的徭役使天下的百姓喘不过气来，那就会不可避免地生出怨气。其四，现在天下的百姓还未摆脱战争所带来的创伤，大多数人皆极度穷困，还都衣不蔽体、食不果腹。此种情状在短期内是不大可能得到改变的。若此时去兴修宫殿，岂非自寻烦恼吗？其五，昔日汉高祖欲将都城建于洛阳，他手下的大臣娄敬谏言劝止，并建议汉高祖定都秦都咸阳，思考良久后，汉高祖采纳了他的建议，于是不久便来到咸阳，后将咸阳更名为长安作为都城。现下望陛下能体恤百姓们的疾苦，除去这贪慕奢华之风。我大唐国基还未稳固，有的地方还存在不安定的因素需要解决，故而凡事都应深思熟虑后再做决定。眼下就在东都兴建宫殿，岂非轻率之举吗？臣曾亲眼所见前朝在筑造此殿之时，所选皆为粗壮的名贵木料。这些木料大都不是本地所有，而都来自距洛阳千里之遥的豫章郡。这些粗壮的木料往往需两千人才能搬动一棵。为了便于搬运有人还发明了一种特殊的运输工具，它的底下装有可滚动的轮子，且这些轮子都是用生铁打造的。假若中间用木轮的话，只要滚动起来就会因与地摩擦而生火。有人估计过，仅搬运一棵木料即需费银数十万之巨，至于其他花费更是无以计数。臣听闻，有人言，秦始皇的阿房宫落成之时，秦国就快要覆亡了；当章华宫建成之时，楚国的国君就落了个众叛亲离的下场；而前朝干元殿完工之时，隋朝也就土崩瓦解了。更何况以眼下我大唐的财力，还不如炀帝之时，天下苍生饱受战争的痛苦，此时若征发徭役，耗费巨资兴修宫殿，恐江山社稷不保，由此而言，只怕此举比起前朝的炀帝是有过之而无不及呀！臣望请陛下慎思之，不要因一时不慎所做的事被千秋史笔所耻笑，那这可真是天下黎民百姓的最大幸事了。"

李世民在看到张玄素的谏书后，心中便忐忑不安起来，于是他下旨宣张玄素进宫答对，见面后，李世民对他说："张爱卿说朕不及炀帝，那同夏桀、商纣相较又何如？"张玄素满脸严肃地答道："陛下，依臣之见，若该殿建成，则您与他们就相去不远矣。"听到此处，李世民这才警醒，悔恨道："真没想到，朕没有深思熟虑此事，以致到了一发不可收拾的地步。"说完，李世民转头对房玄龄道："今日幸得张爱卿上谏书劝止，否则大错铸成，后悔晚矣。传朕旨意，立即停止洛阳干元殿的修葺事宜，今后行事必慎思而后行，一切不必要的徭役从即日起停发。像张爱卿这样以臣子劝谏君王不当之举的做法，自古以来屈指可数，今天要不是他忠心耿直，无畏无私，恐怕就不会这么做了。众位大臣只知道一味奉承，阿谀君王，依君王之意去行事，但这却远远抵不上一位敢上谏言的大臣所做的事。因此，朕决定赏赐张爱卿两百匹绢。"在场的魏征发出了这样的赞叹："张公的谏言真有扭转乾坤之力呀！他真可称得上是位仁爱的君子，而他的这一举动也定会惠及于普天下的黎民百姓。"

贞观十一年，有人向唐太宗奏报凌敬借贷之事。他看完奏报后，立即召来魏征。他愤怒地对魏征道："魏爱卿，这就是你给朕举荐的人才吗？"然后将奏报递于魏征，魏征看后，对太宗道："陛下，臣今日奉召前来对质，那我就如实讲出凌敬的优点与缺点吧！此人的优点在于学识广博，敢于直谏。而他的缺点在于生活不俭朴，喜好经营事物。可现今这是凌敬为别人撰作碑文、教授别人读《汉书》所得到的酬劳。这与臣所讲其的缺点不是一回事。陛下还未见到他的优点，唯独见到

◎ 魏征

了他的缺点，就以为臣有欺君之罪。实在令臣心难服呀！"太宗听了魏征所言后怒气顿消，道："魏爱卿所言甚是，是朕错怪于你了。"

2008年12月18日，胡锦涛主席在纪念党的十一届三中全会召开30周年大会上的重要讲话中，提到了"不动摇，不懈怠，不折腾"的九字方针。其中，不折腾就是无为而治的一种表现。它是一条值得各级为官者高度重视的历史经验。"无为而治"，在当今不是主张保守现状，而是强调顺应时势、尊重民众的创造精神，创造有利于解放生产力、促使经济发展的良好氛围，培育丰厚的强国富民的根基。目前我国改革开放正进入关键时期，道家文化"无为而治"的思想在此时就更具有现实意义了。

⊙ 史记故事代代传

那有关老子的其人其事史书上又是如何记载的呢？让我们来看看司马

◎ 孔子问礼图

迁《史记》中的有关记述吧！

　　他说，老子为楚国苦县的厉乡曲仁里人，姓李，名耳，号聃，做过周朝的守藏史。大圣人孔子曾到周都向老子请教过周礼的问题。老子对他言道："你所说的周礼，创制它的人早就不在了，你又何必对他所遗留下的礼制耿耿于怀呢？何况对于君子来说，若生在盛世则济世天下，若生逢乱世则独善其身。我听说，最善于经商的人是从来不会炫耀自己富有的，而对于具有玄德的君子是素来不会外露他的德行的（大德若愚）。摒弃你的骄气与欲望、态色和淫志，因为这些都对你有百害而无一益。我要告诉你的也就这么多了。"孔子听后，对老子深施一礼。回去后孔子将他对老子的印象告诉了他的学生，他说："天上的鸟，我知道它能在云中飞翔；水中的鱼，我知道它能畅快地游动；地上的各种野兽，我知道它能快速地奔走。会奔走的各种野兽，我们可以用网将其捕获。会游动的鱼，我们可以用鱼竿去钓它。在天上飞翔的鸟，我们可以用弓弩去射它。但如果是龙的话，我就不置可否了，它乘着风驾着云翱翔于天际。我这次所见到的老子，或许就是那翱翔天际的龙吧！"

还有人说："有一个叫老莱子的楚国人，也撰着十五篇的道家经籍。而他大概同孔子是同时代的吧！"老子在世一百六十余年，也许还要更长一些约二百余年，之所以这么高寿，是由于他深谙养生之道。在孔子去世后的一百二十九年后，史书上说周国的太史儋觐见过秦献公。有人说这太史儋就是老子，也有人说不是，但谁也搞不清楚究竟。不过有一点是肯定的，老子必为隐于世外的君子。

而战国时的南华真人在其著作中则为我们讲述了流传至今，一直被人们所津津乐道的"孔子沛地问道于老聃"的故事。他讲道：

大约在孔子五十一岁的时候，他听说有位叫老聃的人深明大道之理，于是他亲往沛地拜见他。见面后，老聃就说："你来了吗？我听说你可是北方的贤者哟！你大概已领悟了大道吧？"孔子说："还未能领悟。"老子说："那你是如何寻求大道的呢？"孔子说："我从规范、法度方面寻求大道，用了五年的光景还未领悟。"老子说："然后，你又是如何寻求大道的呢？"孔子说："我又从阴阳的易变中去寻求，可十二年过去了我还是一无所获。"

老子说："哦！原来如此。是呀，假如道能够用来进献，那么人们没有谁不会向国君进献大道；假如道能够用来奉送，那么人们没有谁不会向自己的双亲奉送大道；假如道可以告知他人，那么人们没有谁不会告于他的兄弟；假如道可以赠送人，

◎ 孔子

那么人们没有谁不会用来赠送给他的子孙。然而不能这样做的缘由就在于你的心不能守住根本故而大道不能得，失去了根本自然也就悟不了道。名誉，是每个人都可以获得的，但千万不可过分地去追求。而仁义，只是历代君王治世的手段，你只要恰当地去使用它即可，万万不可将其作为目标。"

孔子听老聃说起仁义，不由自主地想讲些什么，但却没有机会。

老聃又继续说道："当沙土迷住了你的眼睛，那天地四方在你眼中将改变了位置；你受了蚊虫叮咬，便整宿不得安睡。仁义侵害扰乱人心，这是天底下最大的祸害了。你若能让天下的百姓保持他们原本的淳朴之心，那么德行便可以顺利推行，天下自然可得大治。你又何苦去宣扬那些违背本心的仁义呢？鹄无须沐浴而白，同样，乌鸦亦无须涂身而黑。黑白就是它们的原本面目，而这些根本就不需要去争论；至于别人给予你的名望，那就更没必要去到处宣扬与炫耀了；假若江河中的水枯竭了，那水中的鱼儿就如同置身于陆地上一样，它们相濡以沫以求生存，不过这怎比得上它们在水中生活得那么自由自在的呀？"

孔子从老聃那里回来后，三天都没说一句话。

到第四天，他的弟子来探望他，便问道："先生见到老聃，有何感受呀？"

孔子说："我可能是见到龙了吧！龙，合而成体，散而成章，它乘风驾云而逍遥于乾坤之际。我无言以对。"

后来，孔子仍然整理编撰六经（诗、书、礼、乐、易、春秋）并周游

◎ 孔子与老子汉代石刻

天下，但他仍然一无所获。他不管怎么想都想不通，遂又去请教老聃了。

孔子对老聃说："我穷究六经已很久了，自认为知晓了其中的道理了，将其进献给各国诸侯，阐释圣王的道理，说明周公的德行，但是却没有一个诸侯愿意采纳。真难呀！是这些诸侯难以说服呢？还是大道难以光大呢？"

老聃答道："幸亏你没碰见采纳的诸侯啊！这六经，只不过是先王遗留下的陈旧足迹，那不是足迹的本质。你现下所言的，就如同是那足迹一般。足迹，即为鞋走过所遗留下的印迹，而关键在于那鞋呀！白鹭雌雄相望，互相对视而繁育；昆虫，雄虫在上边鸣，雌虫在下边答，遂繁育；一些雌雄同体的动物，本身便可生育。禀性无法更改，天命不能改变，时间不能停止，道路不能拥堵。假如顺应道（规律），无论如何都可以；相反，背离道（规律），则无论如何都不可以。"

孔子对老聃说的这些言语，一时难于领会其深意，遂回到住处，三个月闭门谢客，细细体悟其中的深意，终于明白了个中真谛，于是他又去老聃那儿，高兴地对他说："我领悟了。乌鸦喜鹊为卵生的，蜜蜂是化育的，有了弟弟，哥哥因失去父母疼惜而哭闹，很长时间了，我都不与自然相亲近了，而不同自然亲近，又如何去度世人呢！"

听完孔子所言，老聃愉快地说："嗯！孔丘你确实领悟了！"

于是孔子这回总算心满意足地辞别老聃而去。

而从《礼记·曾子问》中的"吾闻诸老聃曰"这句话，足可表明孔子的确见过老子，并非虚构。

⚙ 道德天尊居太清

老子在道教的神谱中位列最高尊神——三清之一，称道德天尊或太上老君。

那老子又是怎样在道教历史中由贤人逐渐变成了神人的呢？

东汉末，沛县人张道陵正式创建了道教教团组织。因当时佛教已传入中国，张道陵心里非常明白，若自封为教主，不仅自己的知名度不够大，而且同佛教的释迦牟尼相比，也晚了许多。于是他为了道教的长远发展，经过反复思考，最后决定尊奉"古之博大真人"的老子为道教的教主。

老子被道教尊奉为教主后，名气越来越大，其生平事迹也被不断加以神化，开始由哲人的"老子"逐渐嬗变成了神格化的"太上老君"了。

关于太上老君的历代降世的传说，据《混元图》上说："太上老君在上古伏羲之时，降世化身为郁华子；在女娲之时，化身为郁密子；在神农之时，化

◎ 张道陵天师

身为太成子；在祝融之时，化身为广寿子；在轩辕黄帝之时，化身为广成子；在颛顼之时，化身为赤精子；在帝喾时，化身为禄图子；在尧时，化身为务成子；在舜时，化身为尹寿子；在夏朝时，化身为真行子；在殷商时，化身为锡则子。虽然太上老君屡次降世化身，济度世人，但史书上却鲜有记录。直到商阳甲之时，老君分身化气，托胎于玄妙玉女，八十一载后，降生在楚国苦县的厉乡曲仁里。在李树之下，由玄妙玉女的左掖出，刚出世便能言语，随后手指近旁的李树道：'这便是我的姓氏了。'"上述就是道教中关于老子（李耳）降生的过程。

那太上老君是何形貌呢？对此，晋代葛洪在《抱朴子》的杂应篇中对其形象的描述为：老君的形貌是，他身高三米左右，拥有金黄的肤色，似鸟一样的嘴，高高隆起的鼻子，眉有约五寸长，大耳垂肩，足长七寸，额头上有三条清晰的纹理，脚底有八卦。他住在由黄金和白玉所筑造的宫殿

中，宫殿的台阶是用白银铺成的。若休息时便卧于神龟床之上。他穿的是用五色霞云织就的衣裳。身边的侍从黄童有一百二十人，左边有十二条青龙，右边有二十六只白虎，前面有二十四只朱雀，后面有七十二个玄武时刻护卫于他。凡讲经说法时，都会有瑞兽前后相随，雷电闪闪，一派庄严肃穆的景象。而只要见过老君的人则必会延年益寿，心如日月，无所不晓。

至唐朝时，太上老君的威望日隆。他不仅被奉为李唐王朝的远祖，帮助唐高祖李渊取得天下，相传在武则天篡夺李唐政权后，又显灵降世，对她言"武后不可革命"，"不得辄立异姓。……武后亦终惧此言，不敢立武三思"。所以，天宝之时，唐玄宗为其上"大圣祖高上金阙玄元天皇大帝"尊号。北宋的真宗加封号为"太上老君混元上德皇帝"。

而据《云笈七籤》和《道法会元》等道书记载，"大赤天太清境，其气玄白；人道升仙境，道德天尊居之。"

可在民间信仰体系中，道德天尊的地位还不及玉皇大帝哩！如，在古典名著《西游记》中，太上老君竟成了玉皇大帝的臣僚，整日在兜率宫里替玉帝烧八卦炉炼制仙丹，在王母娘娘邀请众仙家参加的蟠桃盛宴上，居然没有太上老君的踪影。小说里的太上老君，不仅用金刚琢算计孙悟空，而且在孙悟空被提拿后，还主动向玉帝提出要将他投入他的八卦炉中炼制金丹的请求。当然这只是小说的创作，与道教的神仙信仰体系是两回事。

那么，作为当代道教名士，道门领袖的闵智亭会长又有着怎样坎坷曲折的修道人生呢？

德才兼备参玄妙

☼ 入道华山毛女洞

闵智亭，原名闵广铨，号玉溪道人。出生于河南省南召县，曾任中国道教协会会长、中国道教学院院长、全国政协常务委员、亚洲宗教和平理事会副主席等职。

闵会长是从那神奇的西岳走出的一代高道。而他每当为人绘画、题词、写字，均乐以"玉溪道人"落款。

有关闵智亭会长的修道经历，还得从 20 世纪的 40 年代初说起……

◎ 闵智亭

1941 年早春，玉溪道人因日军侵占了家乡而辍学去西安，初到华阴险界，就被华山雄奇壮观的自然景观所吸引！他由衷地赞叹：华山真是一座仙山呀！在上学的时候他就十分关注中国古典文化，所以已从古代典籍中对华山有了初步的印象。现在真的身处其间，还真不得不为之发出慨叹！但见山体周遭峰峦叠嶂，远望似一朵莲花直插云霄；近观悬崖峭壁，鬼斧神工，真不愧为天地造化的杰作！从地理环境看，这华山南靠秦岭，北瞰黄渭，东濒晋豫，西望西安。据专家介绍，其总面积达 148 平方千米，主峰海拔 2160.8 米，可以说没

◎ 闵智亭作品《华山雄姿》

有谁面对此山不由衷地赞叹其雄伟！也就不奇怪其被称为"天下第一奇险山"！学者称，我们中国的华夏别称即是由华山而来的。当时年轻的玉溪道人，内心深处为自己能选择出家，决心来华山访道，走上这许多人难以问津的神圣之道而感到自豪！那时他对道教还没有太多的了解，但直觉告诉他，华山的确有深刻的内涵和充盈的灵气，能到此山中修炼大概就是一种仙神之力给予道缘者的一种机会吧！

他攀缘山路，终于来到华山毛女洞的山门前。毛女洞住着两位德行高尚的全真道长。要说人啊！做啥事，既要有机会，又要有缘分！没有缘分，碰到什么样的机会，你也无法把握！而缘分和机会又往往是眷顾年轻人的。因为年轻人身上或多或少有些浪漫和理想的特点，而这正是产生机会和缘分的重要因素！那时的玉溪道人既是一位具有一定文化修养的年轻学子，更是一位充满浪漫色彩、有理想的知识青年。

早在上学的时候，他就遍览了许多神仙传记、古时隐士的名篇佳作，他特别向往如陶渊明那样的隐士生活。那句"采菊东篱下，悠然见南山"的诗文景象，他是那么的憧憬。而对陶渊明的《桃花源记》更是背得滚瓜烂熟。在那战火纷飞、外敌侵占、时局动荡的时期，他所期盼的社会大众有"土地平旷，屋舍俨然，有良田美池，桑竹之属。阡陌交通，鸡犬相闻……往来耕作……黄发垂髫，并怡然自乐"，早已被这残酷的现实击得粉

◎ 华山毛女洞

碎！这对于一个刚刚步入社会的青年才俊是何等沉重的打击。他想不出如何更好地去报效国家，于是觉得还不如像古时的隐士那样，在社会动乱之时，抱洁而独善其身，故而他下定决心在毛女洞出家入道。

❀ 仰慕神仙玄理悟

华山毛女洞是一处神仙遗址，在这里玉溪道人凭自己的温文尔雅的气质和言谈举止，被毛女洞老道长公义德前辈慧眼看中，即告其徒刘礼仙道长收他为华山派弟子。

那这毛女洞在华山的什么位置呢？游览过华山的人都清楚，出玉泉院、过鱼石、五里关、穿石门即上莎萝坪，上有秀岭毛女峰，峰有古仙毛女修炼的洞穴，后人称做"毛女洞"。这毛女洞因是仙家修真的洞府，当然"有仙则名"了。后人因向往毛女神仙自在的生活，便建起道观供有道之士修炼。话说闵广铨的师爷公义德和师父刘礼仙两位道长，虽然文化程度都不高，可深通教义，均为虔诚的全真教徒，他们在华山道教界是十分受敬重的前辈。公义德道长曾在西安八仙宫受过三坛大戒，对门下弟子更是关怀有加。根据全真派授徒传统，闵广铨被赐道名智亭，号玉溪道人，此后一直以之传于教内外。

玉溪道人是一名道士，更是一位有文化的青年。在当时社会中有这样文化底子的青年并不多见。由于战争，时局动荡，教门中当时也有许多人出家入道是为了"以道维生"，但玉溪道人出家是为了完善自我，去致力于做一个名副其实的有道之士。他住观出家后，并不仅仅去烧香磕头拜神，而更注重对华山人文历史的认识和探究。他觉得在华山出家，理应对华山有较为深入的了解。他将各种版本的《华山志》找来研读。《华山志》版本有14种之多，

◎ 华山

他几乎全都细细地精读，如此他对华山的人文典故就有了较为全面的了解。比如：毛女洞因毛女而得名，那这"毛女"究竟是什么样的神仙呢？

据《历世真仙体道通鉴后集》上说：毛女原名玉姜，居住在华山中。她浑身长毛，并说自己是秦始皇时的宫女。自秦亡后即逃到华山避难，后来遇上一位仙人传授其服食之法，遂不饥亦不寒，且身轻如燕。到汉成帝时，有一猎户进山打猎，见到一个没穿衣服、满身都长有黑毛的怪物，不过，仔细一瞧，原来是一妇人也。猎户经过询问才知，此时她已有三百多岁了。

在华山的毛女洞玉溪道人开始正式接触到《道德经》、《南华经》和《阴符经》等这些主要的道教经典，并由此对道家学派的哲学思想，进行深层次的探究和钻研。华山主峰由东、西、南、北、中五峰组成，无论哪一座山峰均留下了他的足迹。东峰旭日的晨曦中，他静静地远眺那徐徐升起的红日，心中沉思着《道德经》章句的玄奥；南峰之巅他正襟危坐，峡谷间风起云涌，诸多变化，飘浮而上的云海烟霞，一丝丝、一缕缕，他的脑海中仍然思索着《道德经》、《南华经》、《阴符经》的章句；在这"只有在天上，更无山与齐"的华山之巅，他试图获得灵感，获得某种启发，以印证自己对道学的体悟……天地、阴阳、万物、自然、混沌……他思绪万千，那么的美妙，但又是那么的伟大……

当然，对于一个虔诚的道人而言，静守山中足矣！但有志于继往开来、弘扬道教事业的人，还必须了解社会实际，适应社会现实，还必须精通经籍教义，但当时华山中教理教义并无从开导。玉溪道人觉得出山参访深造，是自己修持的必经之途！他将想法告知师父、师爷，获得了两位前辈一致的赞同和支持。

立足秦川领航人

1943年秋，玉溪道人前往西安八仙宫挂单常住，这是他走出华山出外参访的第一站。当时的西安是抗战的大后方，东北和华北的一些高道都齐聚到陕西。比如，八仙宫当时的监院邱明中及时任都讲执事的商明修道长都是有深厚文化根底的道长。他们原本就已看透世间功名富贵，出家后又安心探究玄道，始终如一，故此他们的道教学识极为渊博。

西北地区的西安八仙宫和陕西楼观台，一直非常重视对年轻道众的培养。八仙宫每年春冬两季都要办经韵培训班，请富有经验的老道长为道众们讲学，主要学习道教经

◎ 楼观台

典和经韵两方面的内容。而玉溪道人在学员中是不多的具有较高文化的年轻道人，韵学讲学中他不仅仅学到许多知识，而且很得宫观从监院到普通的老道长一致的喜爱和赏识，而那些有学识的道长们自然乐于对他点拨、教诲，解答他的困惑。

在西安八仙宫常住的那段日子里，他真有一种"天高任鸟飞，海阔凭鱼跃"的感觉！玉溪道人在八仙宫客堂和监院寮任知客时，就深得一位很有学识、雅号"清单周爷"周明歧道长的喜欢。在道学上一些

◎ 西安八仙宫山门

深邃的义理和经韵方面的疑难问题，周爷就经常剖析给他听。至今谈起来，玉溪道人还深深怀感情地说："在他跟前，获得不少教益。"

虽然在西安八仙宫参访常住，但因华山离得很近，所以玉溪道人经常往来于八仙宫和华山之间。事实上，这段时期他还参访了关中地区颇有影响的道观。社会给予人的启发、给予人的灵感，实在是太多太多，真所谓：外面的世界很精彩！他真想周游天下，遍访名山大川，扩展视野，增广见闻，不断满足自己对道教的求知欲。

抗战胜利后的第二年春天，闵智亭踏上了南下访道之路。他先到湖北武昌长春观，从学于陈明昆道长，并担任高功经师、号房、巡寮等执事。因长春观为道教"经忏常住"，经忏用十方韵，闵智亭经常参与念诵，因此对道教经忏科仪，渐臻娴熟。1947年初夏，闵智亭离开长春观去往上海，挂单位于方斜路西林后路的白云观。由于此行目的在寻访一郎姓道长，在

◎ 武汉长春观山门

沪未遇，遂赶奔杭州，挂单于玉皇山的福星观，留此并先后担任号房、大殿主、知客等执事。在福星观他有幸遇见多位颇具才识的高道，且先后跟从他们学习了书画、古琴、天文星象与星占之术、古诗文等，在玉皇山福星观的岁月是闵智亭入道以来得益最多的一段时间，此后他之所以多才多艺，可能就是在这一时期打下的基础。

新中国成立后的1950年他参与该观珍藏之明代《正统道藏》的翻检修补工作，并有幸结识了著名道学大师陈撄宁先生和主编《道藏精华录》的丁福保先生，闵智亭仰慕前辈之风范，曾恭谦问学。

而在1962年随着"华阴县文史研究会"的成立，华阴地方一批博学的"老夫子"们被组织在一起，玉溪道人亦为其中的一员。他丰富的人文知识以及对典故的博闻和深邃的道家哲理，既为同行们认同和欣赏，更为政府部门所重视。谈及这段经历，玉溪道人非常谦虚，他回忆说："（研究会）会址设在华山十二洞，常住会的有孟钧夫、杨子清、杜蔚亭三位老先生。孟老是主笔……"，"孟老是书香世家，一生从事教育工作，学识极为渊博，对华阴以及陕西典故知之甚详，被誉为'活资料'。因与孟老相处数年，得益匪浅。"

而在1985年金秋时节，玉溪道人被礼请北京供职中国道协。中国道协的环境和玉溪道人所负责的专业，以及他自己的爱好，使他有更多时间静下来为道教做许多事情。他在中国道协负责的工作涉及道教事业的各个方面，特别以国内道教事务处理、中国道教学院对道教新一代的培养、道教界对外友好

全国道教院校专业课教材　　闵智亭 ◎ 著

道教仪范

宗教文化出版社

◎ 闵智亭著《道教仪范》封面

交往等等。玉溪道人一直是中国道教文化研究所的主要负责人之一，对弘扬道教文化更是不遗余力，他做道教文化的弘扬工作可用"驾轻就熟"这个词来形容。玉溪道人到底创作了多少幅书画墨宝，自然是无法说清楚的，但他在秋季里肯定是丰收的，他编著出版的道教书籍就有很多种。如《道教仪范》、《全真五祖七真传》等。

1998 年 8 月 24 日，时任全国政协主席的李瑞环在人民大会堂的台湾厅亲自接见了中国道教协会第六届代表会议选举产生的领导班子成员。其中，有一位中等身材、清癯飘逸、引人注目的全真道人。他不是别人，正是新当选的会长闵智亭。

上清新秀扬道风

当人们穿过"紫气东来"门踏进润州道院这一方净土之时，会发现其中有哪些能特别吸引眼球，让人驻足的景观呢？而这些景观又蕴涵了什么样的文化呢？

润州道院整体建筑为中国古典的宫殿式建筑，布局匀称，飞檐翘壁，雕梁画栋，庄严宏伟。殿宇建筑大多为砖木结构。由中轴线、北路、南路殿宇群组成。中轴线殿宇为：灵官殿、三清殿、太元宝殿；北路有东岳殿、五星殿、宗师殿；南路有三官殿、慈航殿。而殿宇周围花木葱郁、绿树成荫，使人赏心悦目。

每逢农历三月十六至十八期间，在润州道院内总是显得格外的热闹，来自各地的信众云集于此，人头攒动，香烟缭绕。因为这是道院为了纪念三茅真君得道而举办庙会的日子。

渔郎石桥会八仙

会仙桥为五拱石桥，桥的两侧有龙头吐出源源不断的"仙水"。其实桥两侧的龙头是有名字的，而这个名字也许大家还不清楚。相传龙王生有九子，九子均不同。其中这里的龙头排行老五叫饕餮，由于它能喝水，因而在古代桥梁外侧正中均能见到，意在防止大水将桥淹没。它还最贪吃，能吃能喝，所以有句成语叫做"饕餮之徒"，就是形容那些贪吃贪喝的人。紧接会仙桥的则是供奉道教最高尊神的三清殿。

那么缘何石桥名为"会仙桥"呢？这与流传于重庆一带的传说故事有着直接的渊源。

话说明代永乐年间的一天，在嘉陵江畔的一个小镇上，有一位二十一二岁模样的渔郎坐在一座石桥上，痛苦而焦急地看着两筐死掉的金鲤鱼发呆。此时，一阵清风吹过，飘飘逸逸走过来七男一女，说疯癫吧，披头散发对酒当歌；说飘洒吧，衣着不整却也气度不凡。一位跛腿者开口问道："小伙子发什么愁啊，有什么要帮忙的吗？"

渔郎抬起眼皮瞅了一下，心想跟要饭的一样，嘴里也就脱口而出："你们能帮我什么忙啊？"

那女的说："你看，他还看不起你呢。"众人哈哈大笑。

另一位老者说道："你不妨说来听听，看我们能否帮上忙。"

见这许多人反复问，渔郎也就打开了他的话匣子。

原来，渔郎父母早逝，留给他的仅有一条小渔船和一张破旧不堪的渔网。他勤劳朴实，从早到晚靠打鱼为生。一天，他沿江漂流，看到一块灰白色的圆圆的石盘在江岸边似浮在水上一样。他划至近处，看到一位素衣姑娘正蹲在石盘上捶洗衣服。突然，姑娘惊叫了一声："我的被单……我

◎ 会仙桥

的被单。"

原来她的被单被一阵江风吹落江面，随波越漂越远。渔郎见状，纵身一跃钻进浪花，很快从波涛中捞起被单，又顶着风浪将被单送到姑娘手里。

姑娘连声说："谢谢！谢谢！"

渔郎从没和姑娘家说过话，腼腆地只嘟囔了一句："没什么……没什么。"

可是，自那以后，渔郎的心再也不平静了，似乎那圆圆的石盘像磁铁一样，常常吸引得他划着小船来此徘徊，好希望能再看上那美丽而纯朴的姑娘一眼。

这天，渔郎运气好，打到满满两筐金鲤鱼，他高兴地挑上岸准备进城去卖。刚走不远，就传来一阵悲啼声，他寻声而去，想不到正是那位常常挂念在怀的洗衣姑娘。渔郎忙放下担子，关切地询问原委，这才知晓，姑娘自小丧父，今日相依为命的母亲又不幸病逝，家里穷得连安葬母亲的钱都没有。可怜的姑娘，怎经得起这样严重的打击？悲伤、绝望竟迫使她跑到江边欲寻短见。

渔郎说："你不要急，等我把鱼卖掉后，一定可以帮你办理母亲后事的。"将姑娘劝回后，他赶紧挑上鱼担急奔渔市而来。

"没想到还没到市上，两筐鱼竟全死了。"渔郎哭丧着脸接着说，"这'鸡吃叫，鱼吃跳'，活鱼好卖钱，死鱼谁还要？你们说我急不急，那可怜的姑娘又该怎么办啊？"说到这里，渔郎已急得泪眼簌簌的啦。

众人听罢先是点头，接着又是摇头。

老者长叹一声："唉……"顺手捡起一块石子往鱼筐里一扔，拂袖而去，其余人等亦念念有词："道可道，非常道……"飘然相随而去。

渔郎见状，没好气地嘀咕了一句："我说你们帮不了忙吧。"

话音刚落，随着渔郎一低头，"哇！"渔郎惊呆了，只见左边一筐的死鱼一个个全都活蹦乱跳，他惊喜万分。再转眼看看另一筐，却没有一条活过来。他赶紧到那活鱼筐里去寻找那老者向筐里扔的那块石子，果然找到一块晶莹剔透的五彩石子。他将石子往右边的筐里一扔，那满筐的金鲤鱼个个鳃动嘴咧尾巴甩，跳得满地都是。他惊呼道："这不正是能让死鱼复活的'活鱼石'吗，这可是宝石啊。"

兴奋的渔郎很快将鲜活的金鲤鱼卖光，赶去洗衣姑娘家帮助姑娘安葬了母亲。洗衣姑娘守孝三年后也随渔郎而去，从此，两个孤苦伶仃的人不再孤单。

活鱼石成全了一桩美好姻缘。当地人纷纷传说这是八仙显灵，帮助心地善良的渔郎成全美事。为纪念这段佳话，他们给渔郎奇遇众八仙的那座桥起名"会仙桥"。

元始一气化三清

　　也许您曾听过道教中有"一气化三清"的说法。那您了解这是怎么回事吗？其实，它是道教向世人讲述的一个关于天地万物及人是从何而来的故事。

　　在非常遥远的年代，阴阳未分，天地、日月都还未生成，整个宇宙尚处于一片混沌恍惚状态之中，不过此时已出现了一位天地间的神灵，号称"元始天王"的盘古真人游离于其间。

◎ 三清

传说宇宙此后又历经四劫（劫：道教中用来计量时间的单位），在元始天王的作用之下，阴阳始分，阳气轻清上升为天、阴气重浊下沉为地，据称天地随后渐渐相分离直到相距三万六千里之遥。而元始天王，就在这天地之中，一日九变，神于天而圣于地。

又经过了一段岁月，在天的中心出现了一座玉京山，山上有宫殿为黄金白玉所筑造，这里就是道教常说的玉京山"大罗天境"了。元始天王在玉京山的宫殿之中，经常仰吸天气、俯饮地泉。

就在此时，又出现了一位天姿绝妙的太元玉女，号称"太元圣母"。终于有一天，元始天王在遨游天地之时，发现了这太元圣母，于是前往同她谈玄论道。元始天王谦恭地询问太元圣母是否愿意同登玉京山，孕育生化天地万物呢？太元圣母道："宇宙天地之间，惟阴不生，惟阳不长，协助你元始天王生化天地、繁衍生灵万物，本合自然大道！"遂决定同往玉京山大罗天境。

期时，阴阳冲和、二气感通。元始天王与太元圣母经一劫生下了天皇十三头，命其治理世间三万六千载，名为：扶桑大帝东王公，号曰：元阳父，道教称之"元始天尊"。后元始天王与太元圣母又生九天元女，称"太真西王母"，号为"西汉夫人"。

天皇生地皇十一头，即道教所称"灵宝天尊"；地皇生人皇九头，即道教所称"道德天尊"；三皇各治世间三万六千载。三皇化生三清尊神，所居之境为三十三天之上的"三清圣境"。

玉清境有元始天尊常居，称作清微天，其为青气，代表混沌时期，阴阳未分的第一个大世纪，因此以阳长阴消、昼短夜长的冬至为诞生日；上清境有灵宝天尊常居，称作禹余天，其为黄气，代表阴阳初分的第二个大世纪，故而以阴长阳消、昼长夜短的夏至为诞生日；太清境有太上道德天尊常居，称作大赤天，其为白气，代表阴阳分明天地形成、万物繁衍的第三个大世纪，道德天尊历劫降世，曾托胎于圣母之腹降生，而其诞生日则为农历二月十五。

道教认为：宇宙洪荒、开天辟地，创造天地万物的是盘古真人，所以

称之为元始天王。中国人常常说的一句话："自从盘古开天辟地，三皇五帝到如今"，就是隐含这段故事。由元始天王一气化三清至尊之神：元始天尊、灵宝天尊、道德天尊。这就是道教所讲述的创世记。您是不是觉得这比基督教中讲述的创世记的故事更加生动有趣呢？

元始灵宝居二清

◎ 玉清元始天尊

三清即玉清元始天尊、上清灵宝天尊、太清道德天尊（太上老君），是道教信仰中三位地位最高的神灵。其中，道德天尊前已述及，故而这里来说说玉清元始天尊与上清灵宝天尊。

玉清元始天尊是道教神仙谱系中的第一位神灵。《太玄真一本际经》讲他：

"无宗无上，而惟能万物之始，故名'原始'。运化世间一切，而常居二清，处诸天之上，所以叫作'天尊'。"

按照道经上所说，"元始"之名开始于东晋葛洪《枕中书》中的记述。至南梁时，陶弘景《真灵位业图》才有"元始天尊"之名号。该书第一阶中位神为"上台虚皇道君"，号"元始天尊"，称"玉清境元始天尊"。不过，书中还有一"元始天王"，列为第四阶中位左位第四神。《隋书·经籍志》始说元始天尊以诸神特性，称其"生于太元之先"。认为"天尊之体，常存不灭，凡一个劫数的开始，均会授以秘道，叫作开劫度人。然而其开劫，并不仅有一次，故有延康、赤明、龙汉、开皇，为其年号，而每劫相距为四十亿载，所度皆诸仙上品，像太上老君、太上丈人、天皇真人、五方五帝及诸仙官等"。

上清灵宝天尊又称太上大道君、玉晨大道君或灵宝君，为道教尊奉的仅次于元始天尊的先天神灵。依道经上讲："灵宝天尊为'二晨之精气，九庆之紫烟，玉辉焕耀，金映流真，结化含秀，苞凝玄神，寄胎母氏，育形为人。'他的母亲孕育了他三千七百年，才在西那天郁察山浮罗之岳将其诞下。灵宝天尊在道教尊神中位居第二，因而身边侍候他的金童玉女和护卫就达30万之众。《通鉴》

◎ 上清灵宝天尊

中则说他：只要遇到修习仙道之人，无论有何疑难，都会一一解答。他会万般的变化。人要见到他，碰到什么灾祸，他都能化解，因为他有分身无数的能力。又讲他度化的世人有如地上沙尘那么多。"

放生池中故事多

润州道院的放生池就在会仙桥的下边。与其他道观的放生池最大的不同在于其两侧还各装有"道"字形和"太极图案"的音乐喷泉。在每年的庙会期间，这里总要举行一个隆重的放生仪式，吸引了许多信众与游客们前来参与，有时等待放生的人还排起了长龙。

道观中建放生池有非常重要的意义，因为它不单只是一个放生的池子，更重要的，它是一种唤醒广大信众和游客善心的手段。将鱼或者鸟放生，在古代是善人一种源于内心的愿望。而如今大多数人生活于城市中，整天被名利所困，没有时间去考虑这些事情了，也更加淡薄了。来到道观里看

◎ 放生池

见放生池，也许可唤醒他们内心深处所固有的一些善心。信众和游客们哪怕在池中放生了一条鱼，都会带给他一种美好的回忆，留给他一种做善事后带来的喜悦。而这种喜悦之情会被其内心固有的善良力量放大，以致改变他以后的行为处事。我们常常说的不以善小而不为，就是这个道理。

为了给参与放生活动的广大信众与游客们增添些许的乐趣，在每次活动中我们总会不厌其烦地讲述流传于温州一带关于放生池来历的小故事：话说很久以前，在九山河边住着一个吃喝无度游手好闲的人，世称"酒徒人"。每年春夏之际，他常寻乌龟、青蛙作为下酒菜，而其妻勤劳贤惠，靠纺棉织布度日。有一年四月十五那天，酒徒不知从哪儿搞到了两小一大的乌龟，他先将两只小乌龟烹煮供自己享用，嘱咐妻子把大乌龟暂养盆中等次日同朋友共尝。到了半夜的时候，其妻觉察到乌龟体发异光，似有哀求流泪之声，因此生出了不忍之心，遂提着灯笼至河边放生，刚想返回时乌龟又爬至其面前，并不停地围着她转圈，这使她心生奇怪。不久只听"轰"的一声巨响，她家的小屋塌了，那酒徒死于非命。其妻方知是这乌龟救了她的性命呀。为了报答乌龟对她的救命之恩，她在家附近掘地三尺，引水成池，购得乌龟放生，之后每年四月十六均如此。后人便将此池取名"放生池"。

道化太极生万物

◎ 书法道

"道"为道教的最高信仰。道教宣称道是世间一切的主宰，万事万物皆由道而生。它囊括一切，无处不在，无时不在。那"道"何以具有如此巨大的作用呢？原来这就蕴藏在"道"的字形中了。"道"字是这样写的，最上边的两点"￢ ￢"在八卦中代表的是阴，两点下边的一横"一"在八卦中代表的是阳，正所谓"一阴一阳谓之道"；中间的"自"，则告诉我们道是需要自己用心去体悟才可获得的；最下边的走字，则是说人如果想要悟得大道，还需要深明天地万物的运行法则。因而这"道"中蕴涵了天地运行、阴阳造化。

对道教而言，道是有体用之别的。由道体上讲，它可看作"天地之始"，道是"无"，有宗源性、绝对性；而作为"万物之母"，它是"有"，具有化生性、无穷性。由道用上讲，它为有序的规律。规律即为"常道"，具有周行不止、矛盾统一、天人相合、无为而无不为等特性。所以《道德经》中讲："道是浑然而成，在天地还未形成时就已存在。听不到它的声音，也看不到它的样子，虚静而幽远，它不依赖任何外力而独自存在，永不停歇，循环不息，可作为万物的母亲。我不知道它究竟是什么，因此勉强将它叫做'道'，再勉强给它起个名叫做'大'。它无始无终，无边无际，这可能就是道。"

《庄子·大宗师》中说："夫道，有情有信，无为无形；可传而不可受，可得而不可见。自本自根，未有天地，自古以固存。神鬼神帝，生天生地。"由此可知，道具有情、信的特点。它既为天地万物的根本，能够生化出各种东西，同时又是天地万物未出现之前的情状。道教汲取了道家中有关"道"的这种观念，并将其作为道教中的基本教理。《庄子》关于"天地与我并生，而万物与我为一"、"独与天地精神往来"、"上与造物者游，而下与外死生无终始者为友"的真人境界，被道教发展为得道成真的神仙境界，从严遵所著《老子指归》，已将老子的"道"转变为人身修炼的心理体验，这是道教哲学的发端。而后到早期道教的各种经典将"道"当作了基本教理，并从而发展成为一种宗教信仰。如，《老子想尔注》就说："道散形为气，聚形为太上老君"，并说太上老君有八十一次降世，其中老子为他第二十三次降世的化身。又如《太上老君开天经》中说：自开天辟地以来，世界已历经洪元、混元、太初、太始、太素、混沌、九宫、元皇等阶段，人类社会也历经三皇五帝及夏商周三代统治。老君历世皆变化下降，传法

◎ 太极图

授经，济度世人。

"太极"则是"道"的一种形象化体现，为道教的象征。这同十字架象征基督教是一个道理。其源出《庄子·大宗师》。他说："夫道，在太极之先而不为高，在六极之下而不为深。"不难看出，起初太极是对道之高深的形容。《周易·系辞上》说："易有太极，是生两仪，两仪生四象，四象生八卦。"此处太极成为天地形成之时的原初状态。《易纬·干凿度》等将这种天地生化思想发展得更为具体与详细。《孝经·钩命诀》指出，天地还未生成以前，有太易、太初、太始、太素、太极；此处太极又成为天地生成过程中的最后一个阶段。道教则在这些思想之上构建了自己的宇宙创世说。在道经《太上老君开天经》中展示了这样一幅世间万物化生的画卷：从太清到洪元，到太初，到太始，到太素，到混沌，到九宫，到元皇。而太极即为万物化生的源动力。

◎ 润州道院音乐喷泉

假如游人香客在三月十六来到这里，在傍晚一轮明月刚从东方缓缓升起之时，您踏上会仙桥，忽听得耳边不时传来悦耳动听的道教乐曲，还能同时观赏到由道和太极喷泉随乐曲节奏幻化出的各种形状，这真可称得上是道生万物的形象表现。与此同时，会仙桥上会冒出一股股"仙气"，桥两侧的龙头也不断吐出"仙水"来，至此，天上明月的银白之光与地上音乐喷泉的斑斓之光互相交织在一起，顿时让您有置身"三界之上，梵气弥罗。上极无上，天中之天"的意境中，而这时的三清殿也最能呈现道的伟大与深邃，真可谓：宝殿巍峨金相庄严，祥云接驾三清境界；天香缥缈仙容恬淡，法盘遥传九府神宫。您可要亲自感受一下哟，因为这可是润州道院庙会期间最具魅力的景观了。

阴阳八卦源伏羲

  在润州道院的东北角，太元宝殿的左边有一建筑面积约 600 平方米的
"八卦阵"，阵内每道围墙高 1.9 米，宽 85 厘米，巷道可互通，但有的是断
头巷，中间建有四角攒尖式的八卦亭，又叫"点将台"，亭中塑的诸葛孔明
像，栩栩如生，羽扇纶巾，正神采飞扬地指挥战事，总揽整个阵势。

  据说八卦阵是由太极八卦衍生出来的。而关于八卦，一般认为是伏羲
由"近取诸身，远取诸物"，自黄河龙马背上图的观察中得到。

  相传在上古的时候，人们对大自然中的各种现象，如，天上打雷、刮

◎ 太极喷泉

风、下雨，日月变化，人的出生、疾病、衰老、死亡等都感到十分的不解。而当人们碰到无法解答的困惑时，都会去询问当时的部落首领伏羲，但伏羲也不都能解决人们所提的疑问，每当他遇到解决不了的问题时，都感到很无奈。

伏羲面对着这纷繁杂多的大千世界，经常仰观苍穹、俯察地理，思考着日月运行、斗转星移、大地寒来暑往、花开花谢的奥妙。

一天，有人在黄河孟津附近看到从河中出来了一只巨兽。但见这巨兽长着龙首马身，所以这人便叫它"龙马"。这个消息很快就传开了，出于好奇之心，人们便纷纷从四面八方聚集于黄河边巨兽出没的地方。果然没过多久，龙马现身了，围观的众人在看到它后，都感到十分的惊异，还不时地指手画脚、交头接耳。就听得人群中有人言道："你们知道这龙马为什么长得这副怪样吗？"旁边的人应和道："不清楚呀！"随后，那人乐道："我猜呀！它肯定是一条龙和一匹马私下里生下的杂种。后来龙族不要它，马

◎ 八卦阵

群又不认它，所以它只好独自来到黄河了。"旁边的人听他这么一说，都随声附和起来。可他们不知道，这样的话却给人们带来一场灾难，那龙马听到人们如此议论它，心中十分不快，于是恼羞成怒地冲着议论的人群飞奔而来，当场就把议论它的那些人给吞进了腹中。在场的其他人看到此情形后，皆吓得四散奔逃。此后，龙马隔一段时间都要到孟津一带的村庄来进行骚扰，弄得人们永无宁日，无法过活。很快，孟津发生的这些事传到了伏羲的耳朵里，他气愤道："黄河里竟有此种祸害百姓的妖孽，若不及时除掉，定会让更多的人遭殃。"随即他携带利剑赶往孟津。伏羲见到龙马后，大声呵斥道："你这龙马，我虽不知你何时来到孟津，但你不应无故骚扰附近村里的百姓，使他们提心吊胆、无法度日呀！"龙马听后，便将人们议论它身世的事告诉了伏羲。伏羲听完龙马的倾诉，怒气顿消，面色缓和道："哦，原来如此，不过你已将议论你的那些人杀了，就不应再伤及无辜的百姓呀！这不就是你无理了吗？"龙马听伏羲所言在理，低头惭愧道："首领，您说得没错，我是不该迁怒于那些无辜的村民，您放心，今后我再也不会去骚扰他们了。"伏羲点头道："那自然是好。"

于是伏羲将它放走了。没过多久，龙马又一次与伏羲见面，对他道："首领，我背上驮的是当初开天辟地之时盘古所留下的天石，是我在黄河中偶然所获。据说其中蕴藏着天地万物的奥妙，现在我将它赠给首领您。希望您早悟天机。"伏羲听完龙马所言，走到龙马的近旁，只见这天石上刻有数十个依一定规则排列的黑点和白

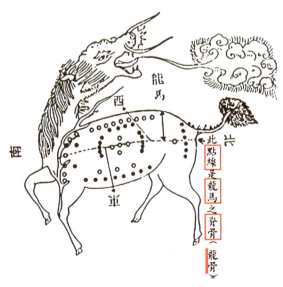

◎ 龙马

点。大体为"一六在下，二七在上，三八位左，四九位右，五十居中"。起初，他也是一头雾水，摸不着头脑，但经过一段时间的深思后，他心中有所领悟，终于明白了天地万物的变化道理——唯一阴一阳矣。他用长横"—"表示阳，两短横"– –"表示阴，三条为一组，得到了八种不同图案。

后人称伏羲得到的这八种不同图案为先天八卦，并将这八个卦图分别叫做乾、坤、艮、兑、震、巽、坎、离，依次象征天、地、山、泽、风、雷、水、火。

诸葛孔明巧布阵

　　润州道院的八卦阵是按照传说中三国时诸葛亮所布设的八阵图建造的。其目的是为了让广大的信众和游客在游玩间体会中华文化的博大精深。

　　诸葛亮作八阵图这件事，史书确有所载，《三国志·诸葛亮传》中说："亮性长于巧思，损益连弩，木牛流马，皆出其意；推演兵法，作八阵图，咸得其要云。"从上述不难看出，诸葛亮作的八阵图是一种用于实战的阵法。

　　那诸葛亮的八阵图在战争中能发挥出多大的威力呢？罗贯中的小说中有对八阵图威力的精彩描述，《三国演义》第八十四回讲道：

　　且说陆逊大获全功，引得胜之兵，往西追袭。前离夔关不远，逊在马上看见前面临山傍江，一阵杀气，冲天而起；遂勒马回顾众将曰："前面必有埋伏，三军不可轻进。"即倒退十余里，于地势空阔处，排成阵势，以御敌军；即差哨马前去探视。回报并无军屯在此，逊不信，下马登高望之，杀气复起。逊再令人仔细探视，哨马回报，

◎ 孔明石雕像

前面并无一人一骑。逊见日将西沉，杀气越加，心中犹豫，令心腹人再往探看。回报江边只有乱石八九十堆，并无人马。逊大疑，令寻土人问之。须臾，有数人到。逊问曰："何人将乱石作堆？如何乱石堆中有杀气冲起？"土人曰："此处地名鱼腹浦。诸葛亮入川之时，驱兵到此，取石排成阵势于沙滩之上。自此常常有气如云，从内而起。"陆逊听罢，上马引数十骑来看石阵，立马于山坡之上，但见四面八方，皆有门有户。逊笑曰："此乃惑人之术耳，有何益焉！"遂引数骑下山坡来，直入石阵观看。部将曰："日暮矣，请都督早回。"逊方欲出阵，忽然狂风大作，一霎时，飞沙走石，遮天盖地。但见怪石嵯峨，槎枒似剑；横沙立土，重叠如山；江声浪涌，有如剑鼓之声。逊大惊曰："吾中诸葛之计也！"急欲回时，无路可出。正惊疑间，忽见一老人立于马前，笑曰："将军欲出此阵乎？"逊曰："愿长者引出。"老人策杖徐徐而行，径出石阵，并无所碍，送至山坡之上。逊问曰："长者何人？"老人答曰："老夫乃诸葛孔明之岳父黄承彦也。昔小婿入川

◎ 位于成都青白江区弥牟镇的三国八阵图遗址

147

之时，于此布下石阵，名'八阵图'。反复八门，按遁甲休、生、伤、杜、景、死、惊、开。每日每时，化无端，可比十万精兵。临去之时，曾吩咐老夫道：后有东吴大将迷于阵中，莫要引他出来。老夫适于山岩之上，见将军从'死门'而入，料想不识此阵，必为所迷。老夫平生好善，不忍将军陷没于此，故特自'生门'引出也。"逊曰："公曾学此阵法否？"黄承彦曰："变化无穷，不能学也。"逊慌忙下马拜谢而回。后杜甫有诗曰："功盖三分国，名成八阵图。江流石不转，遗恨失吞吴。"陆逊回寨，叹曰："孔明真'卧龙'也！吾不能及！"于是下令班师。

如今，全国还留有三处诸葛亮八阵图的遗址，一处位于重庆奉节的西南，一处位于陕西汉中的定军山，一处位于四川成都的弥牟镇。

凡逢三月的庙会期间，来自各地的广大信众与游客们，除了到各大殿堂去烧香、礼拜神灵外，还有就是必会游览润州道院的三大特色景观：会

◎ 庙会民俗表演

仙桥与放生池、八卦阵、抱朴子炼丹井。观游路线通常是从会仙桥—放生池至八卦阵至抱朴子炼丹井。不过要谈起当中最引人注目，让人们驻足时间最长的非八卦阵莫属了。因为游览八卦阵的人总是会从八卦的话题开始，相互比一比各自对传统文化的了解程度，以显示自己的高超才学。这不，在今年的庙会上，就有两位来自上海的年轻游客相互较量了一番。但听得一位问另一位道："你知道什么是八卦吗？"另一位答道："这难不倒我，八卦就是八个卦象，它们叫：乾、坤、艮、兑、震、巽、坎、离。还有在历史上先后产生了先天八卦和后天八卦。这两种八卦不同之处在于卦象所处的方位。怎么样，没错吧！"提问的游客点点头道："行呀，你还真的知道一些。"转眼间，二人已来到八卦阵前，他俩向左边抬头一望，只见上面挂有一块八卦阵的简介牌。于是二人便认真地看起来，当看到有关太岁神介绍之时，方才回答问题的游客说道："刚才我回答了你的提问，现在该轮到你回答我的问题了吧！"提问的游客答道："行，你尽管问来。"回答问题的游客问道："你知道什么是太岁吗？"提问的游客答道："这个嘛，我还真不太清楚。不过，我知道一句有关太岁的歇后语，叫太岁头上动土——不知死活。意思是说用鸡蛋碰石头，比喻你去触犯那些超出自己能力之外的人和事。"回答问题的游客道："哎，你这不是答非所问吗！要是这样的话，你可就输了。"提问的游客灵机一动道："我看这么着，在这八卦阵内不是有六十位太岁神吗，咱俩比比，看谁能先找到自己的本命太岁神如何？"回答问题的游客道："可以。不过你还是认输了吧！"说完二人便走进了阵内。

太岁溯源观苍穹

◎ 木星

那么，太岁究竟是怎么一回事呢？要想明白它，大家就需要大致了解一下有关古代历法中纪年法的演变情况。

从目前的考古发现不难看出，在殷商和西周时期用的是帝王纪年法。即一种用商王或周王的继位时限来纪年的方法。如周穆王十八年，意为西周穆王继位的第十八个年头。可是在进入东周列国（春秋）之时，周王失去了控制天下的权势，此时"周天子"的威严已荡然无存，而在历法纪年上的表现则为天下的诸侯国均废弃原先以周王继位年限而改用本诸侯国的国君在位年限来纪年，这点我们可从记述春秋时期各诸侯国历史的《国语》中明显看出。但如此一来，却又十分不利于各国的往来，出现了诸多的麻烦。于是一种能够通行于各国的"公共"纪年法便应运而生了。

岁星为木星的古称，它是太阳系中体积最大的行星，一个木星可以将一千三百二十一个地球装入它那庞大的身躯之内，不愧为太阳系行星中的"巨无霸"。正是由于它那庞大的身躯，它成了在地球上的人们看来仅次于金星亮度的行星。因此在很早的时候它就被人们列入重点观测的天体之一。经过无数仰望星空者孜孜不倦的长期观测，到春秋时期人们已发现它的公转周期是十二年（岁），也就是说木星上的一年（岁）相当于地球上的十二年（岁）。并且人们每年都可看到它待在某些特定的星宿旁，而这一天象是放之天下皆可见的。由此，那时的天文学家便把周天360度平分为十二个部分（每部分为30度），以冬至（即公历12月22日）起始的那一部分称作星纪。其余的部分根据岁星在天上所走的路线，依顺序叫做玄枵、娵訾、降娄、大梁、实沈、鹑首、鹑火、鹑尾、寿星、大火、析木十一个部分，合称"十二次"。岁星处于哪一次，即是哪一年，叫岁在某次。比如岁星待在降娄次，则叫"岁在降娄"。这便是岁星纪年法了。

而在此之前人们已用十二地支将周天平分为十二个部分称十二辰。它以位于正北的那一辰为起点叫做"子"，但依据同十二次逆向的顺序，分别为子、丑、寅、卯、辰、巳、午、未、申、酉、戌、亥十二辰。如此，这十二辰就与十二次存在了紧密的关联性。如，鹑火—午、鹑首—未等。不过，岁星纪年法还存在一些缺陷：即岁星在天上行走得时快时慢，特别是在一些时候还会看到它逆向运行，这样人们便不能用岁星的真实位置来纪年了。此外，它与人们之前熟知的十二辰的顺序相反，不符合人们的习惯。出于以上的原因，于是人们便一厢情愿地为木星找了个伴——太岁，这样一来倒也使人们心满意足，达到目的了。可是旧忧刚除，新愁又生，人们偏要让这个岁星的"伴侣"与岁星处于"和谐"状态。如，太岁在辰，岁在娵訾；太岁在巳，岁在降娄等。如此一来，可是要发生大麻烦的哟！而这种用太岁所处的辰来纪年的方法即为太岁纪年法。

由于太岁只是人们虚构出来的天体，其目的就是方便人们准确地纪年。但岁星却是真实存在的天

◎ 十二生辰

体，二者之间是很难保持"和谐"状态的。这实际上反映了人们在理想与现实之间的矛盾心情。后来，随着天文观测精度的不断提高，人们测得岁星准确的公转周期为 11.86 年而不是 12 年。故而在 12 年中岁星实际行走了 364 度。也就是说，大约过 85 年，岁星将会出现超次现象。如《左传》中说："岁星应该在星纪，可它却在玄枵。"于是人们迫不得已只好打破了二者的"和谐"状态。其结果便是岁星纪年法寿终正寝，而太岁纪年法单独行用，之后到西汉时期人们就把太岁纪年法发展成延续至今的干支纪年法了。比如 1997 年干支纪年就是丁丑年。

而对于生活在当今社会的大多数人较为熟悉的是十二生肖纪年法，即子鼠、丑牛、寅虎、卯兔、辰龙、巳蛇、午马、未羊、申猴、酉鸡、戌狗、亥猪。如丁丑年就是牛年。

消灾除病拜太岁

　　在日常生活中，我们常常会听人说某人某年命犯太岁了。那到底什么是犯太岁？犯其实就是冲的意思，分为年冲与对冲。"年冲"指的是生肖之年，例如今年是兔年，属兔的人即为年冲；"对冲"即是生肖之年再加六年，"对冲"又叫"六冲"，即子午冲、丑未冲、寅申冲、卯酉冲、辰戌冲、巳亥冲；以辛卯年为例，卯与酉相冲，因此属鸡的人在辛卯年，便是"对冲"，犯了了太岁；还有刑太岁，又称"偏冲"，自己的出生年如与流年所属生肖相差三年，便是刑克，即与流年太岁"偏冲"。古语说：太岁当头坐，

◎ 太岁神

无喜恐有祸。例如兔年，肖兔为太岁，肖鸡为冲太岁，而肖鼠和蛇为"偏冲"太岁。依十二主星宿中讲："太岁当头有灾祸，刑冲鬼推磨，流年若还逢忌神，头破血流难躲过。"因此，无论是哪一种情况，在那一年里必定百事不顺，事业多阻碍，身体多疾病，因此务必要拜奉太岁神以保平安。

太岁神就是主管太岁的神灵。因为用干支纪年的方法，每六十年一个循环，因此，太岁便有六十个，同样太岁神就有六十位，各以太岁命名，称甲子太岁、乙丑太岁等。六十位太岁（也称六十元辰）的总称就是太岁神。见下表：

六十太岁神（大将军）

甲子金辨	乙丑陈材	丙寅耿章	丁卯沈兴	戊辰赵达	己巳郭灿
庚午王济	辛未李素	壬申刘旺	癸酉康志	甲戌施广	乙亥任保
丙子郭嘉	丁丑汪文	戊寅鲁先	己卯龙仲	庚辰董德	辛巳郑但
壬午陆明	癸未魏仁	甲申方杰	乙酉蒋崇	丙戌白敏	丁亥封济
戊子邹铠	己丑傅佑	庚寅邬桓	辛卯范宁	壬辰彭泰	癸巳徐单
甲午章词	乙未杨仙	丙申管仲	丁酉唐杰	戊戌姜武	己亥谢太
庚子卢秘	辛丑杨信	壬寅贺谔	癸卯皮时	甲辰李诚	乙巳吴遂
丙午文哲	丁未缪丙	戊申徐浩	己酉程宝	庚戌倪秘	辛亥叶坚
壬子丘德	癸丑朱得	甲寅张朝	乙卯万清	丙辰辛亚	丁巳杨彦
戊午黎卿	己未傅党	庚申毛梓	辛酉石政	壬戌洪充	癸亥虞程

世上的每个人都要面对二位太岁神。一位是"本命太岁"，就是出生当年的太岁。例如：生于1997年的人，由于1997年为丁丑年，他或她的本命太岁就是丁丑太岁汪文大将军。人的出生之年是不会更改的，因此本命太岁主管你的生死寿夭、流年命运，伴随着你度过一生。另一位是"值年太岁"，又称"当年太岁"、"游行太岁"，就是你眼下生存之年的太岁。值年太岁会随着你年龄的增加，每年都发生变化，主管当年的运势

和流年。

六十甲子各有岁神，若想知道自己的本命太岁，只需知道自己出生之年的干支名，便可找出自己的本命太岁了。

对现代人而言，也许早已习惯用阳历纪年，而对传统的干支可能要陌生一些。这样就必会遇到将熟悉的阳历纪年换算成陌生的干支纪年的问题。在此处向您介绍用历史学家万国鼎在《中国历史纪年表》里所列的"公元后甲子检查表"直接查干支的方法来解决。

右图中的"公元后甲子检查表"由三部分组成，上部分的最左边为天干，中间六列为地支，

公元后甲子检查表

最右边的数码是公元纪年的个位数。中间部分的数码是公元纪年的十位数，共有五行六列。下部分是公元纪年的百位数与千位数。

如，查出生在 1990 年人的干支。首先在《公元后甲子检查表》中查找 1990 的百位数和千位数 19，在最下面的中框里；其次，在同 19 颜色相一致的中间框查到 1990 的十位数 9，在第四行第二列；最后，在中间框的第四行第二列同列的上面，查到 1990 的个位数 0，相应的天干为"庚"，地支是"午"。如此便知 1990 年干支为庚午。

通过"甲子检查表"我们会很容易知晓自己的本命太岁大将军，既然如此，现在自然就得说一说我们应怎么去拜太岁了。

通常我们要拜太岁，就是选择农历新年，或自己的生日，到供奉有六十太岁神的道观，去祭拜值年太岁和本命太岁。

◎ 太岁平安符

　　对于来润州道院进行拜太岁而言，在祭拜太岁之前，首先根据自己的实际需要到道院的服务中心请所需的太岁符。如有祈愿学子学有所成的学业符，有保佑自己平安的护身符等等。在请符之后，须将自己的姓名写于太岁符之上。接着到太元宝殿将自己出生之年告诉殿内的道士，由他带您到自己的本命太岁前，再将您所请的太岁符插入符筒内。最后，叩拜自己的本命太岁，通常为三次，在叩拜太岁时，您还可默念一些祈愿语。如，本人今年犯太岁，祈愿太岁赐福于我，保佑身体安康、平安大吉、工作顺利、家庭美满、心想事成之类的话。

金牛山麓遗丹井

　　在八卦阵的北边有用汉白玉栏杆围住的一口井，名为"炼丹井"，据当地知情老者所言，这口井极有可能是祖上所传为当年葛洪得道飞升的"炼丹"古井。话说东晋的葛洪到处寻找炼丹宝地，想炼丹成仙。一次，他途经丹徒，见到位于城西的一座小山很有灵气，于是便决定在此山上炼丹。

　　起初，他在山顶建了个草庐，双腿盘坐，守在丹鼎旁，废寝忘食，这样炼了七七四十九天，丹没炼成。

　　他不甘心，又在山的南麓选了块风水地，建个草庐，一刻不离地守在

◎ 炼丹井

丹炉旁，凝神定心，炼了九九八十一天，丹仍然未炼成。

葛洪不停地炼，最后炼得人都困乏了，靠在旁边眼睛一合，不一会儿便睡着了。

隐约中，葛洪听得一位仙人对他说道："葛洪呀葛洪，你怎么能用此处的水炼丹呀？须用麒麟水才可炼成！"

葛洪急忙问道："神仙，神仙。请您指点我，上哪儿去找麒麟水？"

仙人笑着说："哦！你去此山的西边，当你走到一棵枝繁叶茂的银杏树时，你就绕着树左转三圈，右转三圈，而后喊一声'出'，麒麟就苏醒了，随后它就会喷出水来的！"说完，仙人踪迹不见。

葛洪梦醒后，依仙人的指示，来到银杏树旁，照话去做，果然，不一刻从地底就涌出一股晶莹剔透的泉水。

不久，葛洪用麒麟水炼丹成功飞升而去。人们便将此井叫"炼丹井"。

曲折人生言道儒

传说归传说，下面介绍一下历史上记载的葛洪的传奇人生吧！

葛洪，字稚川，丹阳句容（今江苏省句容市）人，号抱朴子，世称小仙翁。

祖父葛玄，三国时吴国大鸿胪，父葛悌，曾任邵陵太守。据《晋书·葛洪传》、《抱朴子·自叙》等书上说：葛洪十三岁时，其父死于邵陵，自此家道中衰，所以葛洪小小年纪便不得不担负起养家的重任。因没钱念书，葛洪便利用闲暇之时自学，后由于战乱频发，家中所藏之书遗失殆尽，葛洪只得上山打柴，再将砍来的柴卖掉后，买来文房四宝，抄写从别人那里借得的经籍进行学习，甚至有时纸的反面也被他写得密密麻麻的，以致别人都不知道他写了些什么。

在葛洪十五岁时，便尝试作赋写诗，十六岁开始读《孝经》、《论语》、《诗》、《易》，之后又广泛阅览其他儒家经典及"诸子百家"，据说他在较短的时间内就看了近万卷书，由于他只顾读圣

◎ 葛洪神像

贤书，很少与外人打交道，因此常常是巷无车马之迹、宅无异志之宾，门庭冷落。

后来他先后拜郑隐与南海太守鲍靓为师，鲍靓见葛洪为人淡泊寡欲，不贪慕虚荣，于是将其女鲍姑许之为妻，并让其继承祖业。他跟随鲍靓学道术，兼及炼养医术。至广州，于罗浮山炼丹并在山中常年居住，优游闲养，潜心著述《抱朴子》一书。

史书上说，葛洪还参加过镇压晋太安二年的张昌、石冰起义，后卸甲归田，广泛阅览道教经籍，最终成为我国道教史上，尤其是在炼丹史上一位继往开来的代表人物。他继承了东汉方士左慈、葛玄及郑隐的炼丹思想，并创造了早期道教的神仙理论。其中《抱朴子内篇》不但阐述了炼制金丹的方法，而且还记录了一些物质的化学特性及其相互反应过程，为研究中国炼丹史和化学史提供了宝贵资料，同时也对隋唐炼丹术的发展起过重要的作用。他还在《抱朴子》中将道教理论与儒家的治世思想相融合，提出了道体儒用（或内道外儒）的思想，在方术上，以炼制金丹为主，博采众

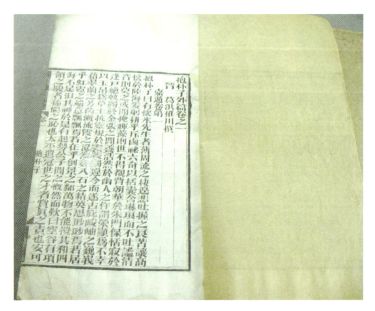

◎《抱朴子》书页

长。还认为人若不修德行，是不能修炼成仙的。

公元 363 年，即晋哀帝兴宁元年，葛洪仙逝于罗浮山。据《晋书》上说：葛洪去世前，曾给他的朋友邓岳写了封信，说自己要远行寻师，克日就出发，邓岳接信后便火速前往与之告别，可未等赶到，葛洪就已经故去了。而后来有人说他死后脸上面色红润，跟生前没什么不同，等到他的朋友赶到时，葛洪的尸体却不翼而飞了，时人传说他已尸解仙去。

图文并茂孝行传

　　庙会期间润州道院人气最旺的是太元宝殿。来庙会的人们都是怀着对神仙世界的羡慕之情，对三茅真君的虔诚之心。或许还有一个原因就是，人们听说在庙会期间，尤其是三月十八的正日子，三茅真君会下凡来人间走一遭，了解世人的疾苦，替人们排忧解难。至于能否遇见，那就得看你是否有仙缘了。不过人们在祭拜过三茅真君后，一般都不急于离开，而是转到太元宝殿的后面，在庙会期间，这里会成为润州道院的"道德讲坛"。其主题为通过讲故事的方式宣扬源远流长的中华孝道文化。从开讲到结束，人们必会聚精会神地倾听。为什么是讲孝道文化呢？哦，原来这是由于太

◎ 润州道院太元宝殿

元宝殿后面的墙壁上画有巨幅的中华传统人物故事经典——二十四孝图。

孝道文化是中国传统文化中的重要内容之一，也是长期以来人们立身处世的重要依据。在古代的大量典籍中都有对孝道的论述，可这些论述对普通百姓来讲，太过抽象，不知所云，因而出现了大批通俗易懂、内容浅显，并具生动感人故事情节的孝行传。而由元代郭居敬编著的《二十四孝》就是其中的典型代表。它主要取材于这些为普通百姓所喜闻乐见的孝行故事。从其中讲述的人物来看，上自帝王将相，下到平民百姓，而且大多数在历史上均确有其人其事。后来这些故事又经一些无名编著者的加工与修饰，逐渐演变为我们今天所见到的《二十四孝》。其中有两个故事最能体现古人是怎样行孝道的。

第一则故事是"恣蚊饱血"。

话说在晋代时，有个叫吴猛的人，在他八岁那年，便对他的父母双亲十分的孝顺。由于家中贫困，买不起蚊帐，每逢盛夏之夜，家人总是被蚊

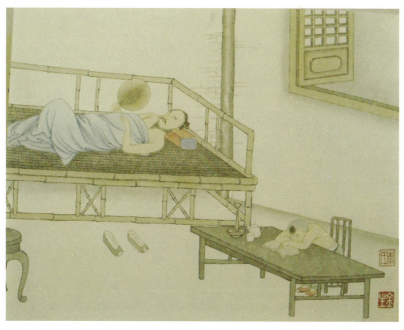

◎ 二十四孝——恣蚊饱血

虫叮咬得不得安眠，为了使父亲能够安眠，小吴猛便光着上身趴在父亲的床榻之前，蚊虫见状，便成群结队地吸附于小吴猛的身上，小吴猛却听凭这些蚊虫叮咬而不发出半点声响，以免打扰了父亲的睡眠。即便有时蚊虫已叮满上身，也从不用手去驱使它们。有人问他为何如此？他回答道："我担心这些蚊虫在驱使后会吸附到我的父亲身上，扰乱了他的睡眠。"后人赞言："夏夜无帷帐，蚊多不敢挥。恣渠膏血饱，免使入亲帏。"长大后，吴猛出家当了道士。中年的时候，巧遇南海太守鲍靓，随即拜其为师，其后鲍靓传秘法于他，致使道术得以盛行于当世。时人称其为大洞真君。

接下来让我们再来看看称《瘗鹤铭》为大字之祖的黄庭坚是怎么对其母尽孝的吧！

北宋元祐年间官任太史的黄庭坚，素来对他的母亲孝顺，虽身任显官，经常处理公务到深夜，但仍尽心尽力地去侍奉母亲。因老母年纪老迈，行动不便，每天上朝回来他都会亲自为老母洗涤便桶，而从不假手于府中的

◎ 黄庭坚夜奉母亲

◎ 二十四孝——涤清溺器

仆役。在老母生病之时，黄庭坚更是不分昼夜地伺奉于左右，亲自煎熬汤药，端水喂食，从来没有忘记作为人子所应尽的孝道。后人赞言：贵显闻天下，平生孝事亲。亲自涤溺器，不用婢妾人。儒家经典《孝经》中讲："孝子之事亲也，居则致其敬，养则致其乐，病则致其忧，丧则致其哀，祭则致其严。五者备矣，然后能事亲。"由此可知，对父母尽孝应是坚持不懈、始终如一的。唯有如此，才能称得上侍奉双亲。

行孝感天成神仙

　　说到此可能一些读者心中会有这样的疑问：道士不是出家之人，不都断绝俗世、专心修道了吗？怎么还会提倡行孝道，那不是儒家所倡导的吗？若您存在这样的疑惑也不奇怪，但您可能只知其一，不知其二。没错，孝道固然是儒家所倡导的，不过，孝道同时也是道教教义的重要组成部分。这是由于首先，在道教的神仙信仰中，反映了人们对祖先的崇拜。道门中人将中华的人文始祖黄帝尊奉为道教的鼻祖，而道教中所使用的道历的历元（起算时间）即是从黄帝时期开始的。孝顺父母双亲是对祖先崇拜的现时体现。所不同的在于，对祖先的"孝"是通过祭祀的方式，对父母则是通过具体行为的方式。其次，这也是出于道教济世度人、传布教义的实际需要。故而，道教提出了这样的观念：凡人欲修仙道，必先修人道；若不修人道，仙道亦难成矣！如，道经《无上秘要》中说："父母之命，不可不从，宜先从之。人道既备，余可投身。违亲之教，仙无由成。"先须"仁爱慈孝，恭奉尊长，敬承二亲"。而道教的劝善书《太上感应篇集注》中说："父母为五伦之首，孝亲乃人道之先。"还说："立善多端，莫先忠孝，即成仙证佛，亦何尝不根基于此。"

　　以下便是兰公行孝感天成神仙的故事。

　　据道教传记《十二真君传》载：在山东兖州曲阜县高平乡的九原里，住着一位大善人兰公，他家是一个有一百多口人的大家族。由于他积年累月地尽心行孝终于使得仙界的神灵为之动容。一日，仙界的斗中真人从天而降来到兰公的家中，对兰公说："我乃斗中的孝悌王，由于你的孝行，天上的日月都显得分外的明亮，地上的生灵万物也都显出它们勃勃生机的样子。如果世间的百姓都能如你这般行孝，那么人间将会成为乐土。我是上清圣境的仙人，今日下凡降临你家，就是为了传你孝悌之道，以便教化世人行孝。今后必会出一位名为许逊的真人，继承这孝悌之道的衣钵，并使之发扬光大，他也将会成为一代宗师。"说毕，孝悌王就将孝悌之道秘旨授予兰公。兰公在得到这"秘旨"后，没日没夜地研求，终于有一天他参悟到了其中的奥妙，可上知五百载、下推上千年。又过了些年，由于因缘际会，他得到仙衣，服食玉液丹，随同两位前代真人一起飞升成仙。之后不久，在吴都和丹阳两地时常会出现一些孩童，他们就是兰公的化身。而其所传孝悌之道的秘法，唯有高明大使许真君才得以明白其中的玄机。

故事末尾所提到的高明大使许真君即是在道教史上开创以忠孝为本的净明道的第一代宗师许逊。

耕耘十载结硕果

在道院住持孙敏财道长的带领下，润州道院的事业发展蒸蒸日上，十多年间，结出了累累硕果。其中最重要的当属出访马来西亚、润州道乐申市级非物质文化遗产与住持升座仪式了。

✿ 出访话道缘

2007 年，润州道院接到来自马来西亚的邀请函，由住持孙敏财道长率领一行四人出访了马来西亚。据当地媒体报道，马来西亚沙巴州茅山道教

◎ 修葺一新的润州道院

◎ 润州道院苗圃

会与中国润州道教会在丝绸港湾太平洋酒店亲切会面，沙巴州东马茅山道教会主席廖东成及其理事尽地主之谊，为来自中国江苏省道教协会的副会长孙敏财、朱艾成、金远琳、冷惜蓉等接风洗尘，出席见面会的有廖东成主席、周育田秘书长、仇明慧等。

江苏省道教协会副会长孙敏财道长在见面会上说："道教在中国已有两千多年的历史了，誉满全球，茅山宗历代高道辈出，对道教史有着广泛而深远的影响，有着很高的历史地位。"

他说："马来西亚沙巴州茅山道教会在廖东成主席的领导下，在弘道立德、培养人才、支持社会慈善方面都有很大的成绩，备受世人瞩目。"

他又说："我们今日的会面实是太上道祖的精神已把我们紧紧地联系在一起，同为我们共同努力，这次润州道院应邀前来参访，彼此增进了友谊，加深了感情，受益匪浅，希望沙巴的道友们到中国润州道院观光访问、交流，增进对彼此的了解。"

早些时候，沙巴州茅山道教会主席廖东成在会上就说："中国润州道教会的来访表明，天下道教是一家，不论哪里来的道友都是一家人，要团结，相互来往地照顾，要永远保持道友的关系，不要忘本。"

他还呼吁道友们要尊师重道，用一颗善良的心去造福人群，做事只要问心无愧就可以，其余的事由上天安排。

◎ 申遗颂仙乐

2008年3月10日下午，润州道院的道士们演奏了道曲《三茅表·华阳洞天》，那古朴典雅、清脆悦耳的乐声，让人听得如痴如醉，好似心灵饮了琼浆玉液一般。原来这是润州道院为申报镇江市非物质文化遗产所做的汇报演出。

润州道乐源于隋唐，它与茅山道教音乐是一脉相承的，既保留了唐、宋道乐的遗韵，又不乏江南丝竹的民间音乐特色，同时还具有宫廷音乐的

特点，且吸收了戏曲、说唱等雅俗之乐。主要使用的器乐有笙、箫、管、笛、琵琶、三弦、二胡、京胡、喇叭、唢呐，目前还加上了扬琴等乐器；打击乐有大鼓、板鼓、大锣、底锣、当锣、十音锣、老钹（特大钹）、京钹、撞钹和木鱼等。登坛演唱的道士，少则有 6 人，最多可达 52 人。

经道院道众们的共同努力，此次挖掘、整理出的道院道教音乐曲目共有 140 多首，其中《卫灵咒》、《三茅忏》、《梅花三弄》等别具风韵，堪称道教音乐中的奇葩。

2008 年年底，润州道乐获批镇江市非物质文化遗产。

升座启新程

2011 年 9 月 25 日，润州道院内彩旗飘扬、锣鼓喧天。新中国成立以来，镇江首次举行的道教宫观住持升座仪式在道院的三清殿与养生大楼内

◎ 住持升座庆典

隆重举行。

上午十点左右，升座仪式正式开始，即将升座的道长孙敏财（法号受妙）在仪仗队和经乐队的引领下由太元宝殿经会仙桥缓缓步入三清殿，中国道教协会副会长黄至杰道长宣读了职牒，祈愿住持升座后，率领全体道众，爱国爱教，积极开展教务活动，弘扬道法，纯正道风、精研道经，持守教戒。接着孙敏财道长向三清神像敬香礼叩。

随后，在悠扬而庄重的钟鼓声中，孙敏财道长在三名道童与仪仗队、经乐队的引领下步入养生大楼。中国道教协会

◎ 升座仪式时的仪仗队

副会长张凤林道长授予孙敏财道长《道德经》、《度人经》、《道门十规》各一部。中国道教协会副会长林舟道长对新升座孙敏财道长进行了训诫，要求他谨遵祖训，适应时代潮流，爱国爱教，为国、为民、为道门多作贡献。随即，升座住持礼谢扶座大师。在司仪的吟唱声中，孙敏财道长正式升座并致升座词。最后，升座住持接受了弟子与信众的叩礼。

住持升座仪式是根据《宗教事务条例》和《中国道教协会章程》的规定，为加强道教教制建设、促进宫观管理、延续道教传承而进行的，它对于规范宫观管理、促进道教健康有序发展、弘扬道教文化具有十分重要的意义，同时也标志着润州道院的发展迈入了新的阶段。

演经弘道传教法

　　道教素以"道、经、师"为三宝，故道门中人向来就有"讲经弘道"的传统。进入新世纪以来，为了更好地弘扬道教文化，全国各地的道教协会、宫观纷纷举办了形式多样的"玄门讲经"活动，成为新时期道教发展的一大亮点。江苏为全国的道教大省，讲经活动更是如火如荼地展开。润州道院，这座具有古仙灵气的江南上清道观，也培养了不少擅长讲经说法的年轻道长。

　　2011年6月25日，道教圣地句容茅山，彩旗招展，道长云集。江苏省道教协会在这里举行了第四届玄门讲经活动。这次的讲经，共有来自江

◎ 润州道院道长参加玄门讲经

苏各地的 21 名道门选手参加。他们紧扣"报党恩、弘道法、促和谐"的演讲主题，引经据典，畅所欲言，对道教经典进行了精彩的阐述。润州道院的夏欢道长和王怀荣道长，先后登台讲经。他们面对台下近百位玄门同道、政府领导和媒体记者，落落大方，侃侃而谈。

天庭饱满的夏欢道长踱步上台，以道门中的重要经典《道德经》和《清静经》为依据，阐发了"清静寡欲，和谐共处"的玄门义旨。他音色浑厚，沉着淡定，以学者般的严谨和扎实，带着个人对道教和现实社会问题的思考，将道经义理与当下拯救大众心灵的主题充分结合起来。在对古代圣贤经典的解读和阐述中，夏道长表达了劝化世人、祈求和谐的真诚道人情怀。

身材颀长的王怀荣道长缓步登台，他的讲经题目是《试论动静之道》。这个选题的哲学思辨意味浓厚，要想讲好，还真是不容易。王道长虽然年轻，但知识丰富，熟稔经籍。他从老子"致虚极，守静笃"的思想精要出发，充分揭示了道教修身、治国需要以"静"为本的道理，而且还恰当自如地征引荀子《劝学篇》和诸葛亮《诫子书》，阐述专一精诚、淡泊守静的中华文化大道。心静，身静，万物静……会场的听众都从中获得了"道"的智慧启迪。

两位道长的精彩讲经，博得了台下众位师长同门和领导学者的一致掌声。最终，他们分别荣获这次江苏道教"玄门讲经"活动的第二名和第三名，为润州道院，为三茅祖师增了光彩！

另外，2011 年 11 月，夏欢道长还参加了在河南登封举行的第三届全国玄门讲经暨中岳论道活动，在现场夏欢道长围绕"清静和谐"的主题展开精彩演说，赢得了在场各位评委和广大道友们的一致好评，且获得了骄人的成绩。而润州道院在这方面所以能取得如此辉煌的成绩是由于此处还是未来江苏道教人才的孕育摇篮。

道教音乐，是进行斋醮科仪时，为祖师圣诞，祈求神仙赐福，降妖驱邪及拔度先人等法事活动中使用的音乐。它具有烘托、渲染宗教气氛，表达信仰者对神仙境界的无比向往与仰慕之情。而道教科仪（即俗称做道场）则有为世人所做的阳事科仪，主要包括祈福禳灾、祛病延寿等，及为先人所做的阴事科仪，主要包括度亡生方、炼度施食等。

道乐科教冠古今

  道教经典《冲虚真经》中记载了这样一则故事：春秋时期，晋国遭遇了百年不遇的旱灾，三年之内竟未落一滴雨，为此晋平公整天焦急万分，愁眉不展，正在此时，宫廷的乐师师旷对平公说："臣有办法为大王分忧解时下晋国之旱灾。"平公听后问道："噢？爱卿有何妙法，快与寡人讲来。"师旷笑道："臣可通过吹奏《清角》之曲召云行雨。"平公一听将信将疑道："果真如此，那你便奏来试试。"于是师旷便在平公的面前吹奏起《清角》来。奏一刻后，但见乌云由东北滚滚而来；奏二刻后，乌云密布天空，大风起；而奏三刻后，飞沙走石，电闪雷鸣，暴雨倾泻而下。平公看后，惊异不已。

  您瞧瞧！这音乐的能耐多大呀！它竟能够呼风唤雨。

  那么，下面一起进入道教的音乐与科仪这一神秘领域，让您的心灵在美妙的音符与科仪活动中同天上的神仙相感遇吧！

天籁之音降世间

◎ 中华书局版《南华真经注疏》

在道家经典《南华真经》中记载了一段师生间对话——探讨"天籁、地籁、人籁"的寓言故事，而它正是后来指导整个道教音乐发展的主要思想之一。

南郭子綦倚靠桌案而坐，抬头向天缓慢地呼吸着，其逍遥自在的神情真如同灵魂超脱了肉体那般。他的弟子子游侍立在旁说道："您这是怎么回事呀？躯壳固然可以使它好似干枯的草木一般，难道灵魂也可使其如同死灰那样吗？您现下倚桌而坐，同平常倚桌而坐的情景可大相径庭呀！"子綦悠然地答道："是呀，你提了个非常耐人思考的问题。现在我忘却了自身，你明白吗？你听过'人籁'却不一定听过'地籁'，你即便听过'地籁'也想必未曾听过'天籁'吧！"子游疑惑道："我敢问您到底要说什么呀？"子綦笑道："天空中生成的大片云气，其名为风。风不发则已，可一旦发作起来，它便可使大地上无数的窍穴同时怒吼。你真的未曾听过那呼啸的风声吗？高山上的悬崖峭壁，森林中的大树上就有无数这样的窍穴，有的如同人的五官，有的如同栅栏，有的如同深渊。它们发出的声音，有的像湍动的流水声，有的像疾速的箭矢声，有的像绵长的呼吸声，似在山谷里空旷的回声，似鸟儿们的歌唱声，清风徐徐就有小小的和声，长风呼呼便有大的回声，猛烈的飓风突然消失，万般孔窍也就宁静无声了。你难道不曾看见风儿吹过万物随风摆动的样子吗？"子游说道："地籁是从各种窍穴里发出的，人籁是由各种不同的竹管乐器发出的。我再请问您天籁又是怎么样的呢？"子綦说道："天籁虽然不尽相同，可让它们发出和停止的都源于其己也，怎么还会有什么发出者呀？"

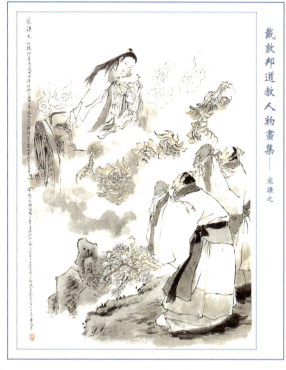

◎ 上海市道教协会副会长戴敦邦——寇谦之

作为秉承天籁思想（此曲只应天上有，人间哪得几回闻）的道教音乐，它有着什么样漫长的发展历程呢？其中又有什么有趣的传说？

道教音乐最早可追溯至南北朝时期，公元415年，即北魏神瑞二年，寇谦之宣称太上老君授其天师之位，并赐以《云中音诵新科之诫》二十卷，令其"清整道教"；又传授养生修炼的秘诀。后八年即公元428年，又称老子的玄孙李谱文授其"图箓真经"和请诏鬼神等法，并命他辅助北方"太平真君"。他利用北魏太武帝对道教的尊崇，变革天师道，并制定了"乐章诵戒新法"。公元424年，即始光元年，在宰相崔浩之的协助之下，于魏都平城建天师道场，称新天师道，太武帝亲临道场受箓，自称"太平真君"，同时改年号"太平真君元年"。

寇谦之在北方创立北天师道，制定了"乐章诵戒新法"。而与此同时南

177

朝刘宋的上清道士陆修静整理三洞经书，清肃斋醮仪范，史称南天师道。道教通过以上的改革，使道教科仪逐渐地走向有序化、范式化。这也为寇谦之的"乐章诵戒新法"作为道教科仪音乐的实行，提供了更为便利的条件，为以后的道教科仪音乐的进一步发展打下了良好的基础。因此可以说，南北朝是道教音乐形成的阶段。

唐朝是我国道教全面发展、繁荣的阶段。在其近三百年的历史中，道教始终得到上层社会的尊崇，道教的地位也在儒、佛之上，位三教之首。唐朝推崇道教，主要是由于其政治上的需要。当然，信仰与个人喜好也是其中的重要因素。

道教仪式在南朝陆修静对道教的清肃中，已初具规模。至唐朝时，道士张万福、张承先和杜光庭等对道教科仪、经戒法箓传授等又进行系统的整理，使其更趋规范和完善，伴随道教科仪活动而流传的道教音乐，在皇家的直接参与下，也得到了较快的发展。而唐以后的道教科仪音乐基本上皆是由此派生的。

唐玄宗是我国历史上有名的崇道的君王，在开元、天宝年间，他自始至终地崇奉道教，从而把道教推向了全面的繁荣时期。玄宗尊崇道教，不仅对道家的思想推崇备至，认为它居六经之上，为诸子之冠，是自古以来最深奥的学问，而且对道教乐舞特别喜爱，而玄宗本人即是一位杰出的艺术家。《新唐书·礼乐志》上说：玄宗喜好道教的神仙之事，于是诏命道士司马承祯作《玄真道曲》，茅山道士李会元制《大罗天曲》，工部侍郎贺知章制《紫清道曲》和《上圣道曲》。在太清宫建成后，又命太常韦绹制《景曲》、《九真》、《紫极》、《小长寿》、《承天》、《顺天乐》六曲。而据《混元圣经》上说：开元二十九年，玄宗还自编《霓裳羽衣曲》。据传该曲是在罗公远、叶法善两位道士协助之下完成的。说到此，下面就得讲讲"唐明皇游广寒宫"的传说。

话说在开元二十八年中秋节的夜晚，皓月当空，万里无云。当朝天子唐玄宗李隆基正在宫中赏月，对酒当歌。他倚靠在白玉栏杆旁，抬头望月，不由得浮想联翩。

玄宗自觉心旷神怡，于是道："明月普照天下，如此洁白无瑕，想这月中必有奇景。朕听闻，当初嫦娥盗取长生不老仙丹，才得以奔向月宫，既然建有宫殿，就必可一游。只不过怎样才能去得呢？"正在发愁之际，就听有人来报："禀告陛下，罗公远求见。"听到此，玄宗顿时眼前一亮，道："咦！对呀，这罗公远不是修道之人，常常与神仙打交道吗？我何不问他去月宫之法。"想到这，玄宗兴奋道："快快有请。"见面后，还没等罗公远开口，玄宗便先问道："罗仙师可有法让朕去往月宫游览呀？"罗公远听后，寻思一会儿便道："陛下既然有雅兴月宫一游，贫道自是有法让您得偿所愿的。"玄宗听到此言心中自然非常高兴，随即便道："仙师有何妙法，快快示来。"玄宗还未讲完，但见罗公远将手中所持的玉杖向空中一抛，瞬时就出现了一座七彩桥，恰似雨后

◎ 唐明皇游广寒宫

彩虹那般。玄宗看到此景，不由自主地离开座位，随同罗公远一起踏上了七彩桥，起初玄宗担心这桥不结实，怕会掉下去，但走了一会儿，才发现这桥非常牢固。于是他健步如飞地奔向桥的那一端。也不知走了多长时间，他二人终于来到了一座晶莹剔透的牌楼前。此时，玄宗实觉寒气逼人，不禁抬头仰望那牌楼，但见上书六个大字："广寒缥缈之境"。玄宗问道："罗仙师，这是何处呀？"罗公远答道："陛下，这里就是月中的广寒宫了。"玄宗听闻，甚是欢喜，随后他便与罗公远一起自牌楼而入。

◎ 霓裳舞韵

　　走了不多时，玄宗便见到前面出现了一棵硕大的桂花树，郁郁葱葱，不知要多少人才能将其合抱起来。但见在这桂花树旁有数十位绝妙容姿的彩衣仙女们正在那儿翩翩起舞，婀娜多姿。而在不远处的宫阶之上还有一群白衣仙女们正手执乐器吹奏仙乐，同那些彩衣仙女们配合默契。当她们看到玄宗与罗公远走到近旁，亦不感到意外，同时也不打招呼，竟视二人于无物。玄宗惊讶地看着，这时，罗公远说道："陛下，这些月宫中的乐伎与舞伎，名唤'玉娥'，身上所穿衣裳，叫'霓裳羽衣'，所奏的乐曲，名为《紫云曲》。"玄宗精通音律，把两手随节奏相拍，并将仙乐的曲调默记于心。后来在他同罗公远由月宫回到皇宫后，遂将此曲告于杨贵妃，并让她根据此曲组织宫中舞伎们编创，排演舞蹈。同时又将此曲更名为《霓裳羽衣曲》。

　　这虽然只是传说故事，但玄宗作此曲得他人之助，完成了一部千古流传的唐代著名歌舞剧，却一点也没错。

　　唐玄宗不仅自制和命他人创作道曲，还在内廷道场亲授道曲，据《册府元龟》载，公元751年，即天宝十年，玄宗于内道场亲授诸道士《步虚韵》，这既表明了唐玄宗对道乐尤其喜爱，同时也说明他有着极高的艺术

◎ 唐朝使用的工尺谱写

天赋。

　　至南宋时，道教在民间的活动异常活跃，各类斋醮科仪也非常流行，据《无上黄箓大斋立成仪》记述，当时的道乐已开始较为重视声乐和器乐演奏的音乐修饰，并讲究其对人们心灵的调节作用。南宋吴自牧的《梦粱录》上说："凡逢北极佑圣真君圣诞之日，佑圣观侍奉香火，其观系属御前去处，内侍提举观中事物，当日降赐御香，修崇醮箓。午时朝贺，排列威仪，奏天乐于阶下，羽流整肃，谨朝谒于阶前，吟咏调章陈礼。士庶烧香，纷集殿庭。诸宫道宇，俱设醮事。……观睹者纷纷。"由此可见，那时道教音乐是多么的兴盛。

而金元时期兴起的全真道在其科仪活动中为了符合其清修等各类斋醮法事的需要，亦在继承原有道教音乐的基础上，汲取了古代民间、宫廷音乐等元素，逐步形成了为全国各全真道观所共用的"十方韵"，其音乐气质虚静、典雅、具有浓厚的宫观气息。由于全真道音乐传承严谨、稳定，故而较好地保持了原有道乐的意蕴。

缥缈仙乐通神明

音乐乃是用人声或乐器表达的一种"语谈"，是以音响这一特定的音乐形式、表达方式去感召事物。听音乐便可以知道天地间的情况，其善恶吉凶之内容。更有甚者，当音乐行为与道教某些神秘的理论思想相联系时，音乐所表现出的功能和意义，更是不可思议。

《冲虚真经·汤问篇》中，就有下面一段记载：

匏巴弹琴，能使鸟儿飞舞、鱼儿跳跃。郑国的师文听说后，便离开了家，跟随师襄游学，按指调弦，但三年也弹不好一支乐曲。师襄说："你可以回家了。"师文放下他的琴，叹了口气说："我并不是不能调弦，也并不是弹不好乐曲，而是我心中所存在的不是琴弦，脑子所想的不是乐声，心内不能专注，心外便不能与乐器相应，所以不敢放开手去拨动琴弦。姑且少给我一些时日，看看我以后怎样。"没多久，又去见师襄。师襄问："你的琴怎样了？"师文说："行了。请让我试试吧。"于是在春天里拨动了商弦，奏出了南吕乐律，凉爽的风忽然吹来，草木随之成熟并结出了果实。到了秋天，又拨动角弦，奏出了夹钟乐律，温暖的风慢慢回旋，草木随之发芽并开出了花朵。到了夏天，又拨动羽弦，奏出了黄钟乐律，霜雪交相降落，江河池塘突然冻结成冰。到了冬天，又拨动徵弦，奏出了蕤宾乐律，阳光炽热强烈，坚固的冰块立刻融化。弹奏将要结束，又拨动宫弦，奏出了四季调和乐律，于是和暖的南风回翔，吉祥的彩云飘荡，甘甜的雨露普降，清美的泉水流淌。师襄便抚摸着心房蹦了起来，说："你弹奏得太微妙了！即使是师旷弹奏的清角，邹衍吹奏的声律，也不能超过你，他们将挟着琴弦、拿着箫管跟在你后面向你请教了。"

这段话，把在阴阳五行家影响下的音乐，那种神秘的力量，描写得十分生动具体！春天的时候，弹了应当在秋天弹的商弦，激来了应当在八月演奏的音律南吕，结果立刻引起了自然界的变化："凉风忽至，草木成实"，春天变成了秋天。反过来，在秋天时弹了应当在春天弹的角弦，激来了应当是在二月演奏的音律夹钟，结果也会使秋天变成春天："温风徐回，草木发荣！"

宗教作为一种文化现象，往往借助于一定的艺术形式来显示自身的力量，而音乐也就成了表达宗教信仰，宣扬教理、教义的重要手段。根植于中国的道教向来与音乐密不可分，几乎是凡有斋醮科仪便有音乐，于是道教音乐这一概念便写到了人类文化史上。何谓道教音乐？是道教进行斋醮仪式时，为神仙祝诞，祈求上天赐福，降妖驱魔以及超度亡灵等诸法事活动中使用的音乐，即为法事音乐、道场音乐，是道教仪式中不可缺少的内容，它具有烘托、渲染宗教气氛，增强信仰者对神仙世界的向往和对神仙的崇敬。它能使法事内容前后贯串一体，气氛绵绵不断，致使坛场雄伟绚丽，如仙境缥缈，笙歌云舞。道教音乐的发展与道教的发展相伴相随，早在东汉时期，道教的《太平经》便认为音乐可以感动天地、通神灵、安万民。这个理论超越了用歌舞以悦神降神的巫风，开始注意到了音乐对人的影响。至东晋，《元始无量度人经》把音乐视为天神的语言，赋予了音乐以神圣性。至南北朝，北魏道士寇谦之改直诵为乐诵，把音乐与念诵经文结合起来，互相陪衬、烘托，融而为一，既加浓了经文的宗教色彩，又增强了经诵的感染力。南朝刘宋道士陆修静，又随之吸取儒家礼法，制定斋醮仪式，使之规制化，音乐便与道教的醮仪融为了一体，形成了系统规范、别具一格的道教音乐。

而镇江润州道院道教音乐可谓是道教音乐中的一朵奇葩，其历史悠久，源远流长，内蕴丰厚。首先，从纵向的历史上，可追溯到远古时期的巫舞巫乐；它也和整个道教音乐一样，在表现形式上烙有巫舞巫乐的痕迹。其次，它吸收宫廷音乐成分，古朴典雅，庄重肃穆。唐、宋时期，大量的宫廷音乐流散于民间，镇江道教音乐加以吸收融合，在演奏时注重转、承、接、合的运用，通常以道曲的唱念展开，乐器笛、鼓、弦在伴奏中起重要

◎ 润州道教音乐团参加音乐会

作用，在唱腔中句与句之间，用曲调型的伴奏或鼓段加以连接，使唱段层次分明，形成刚中有柔、柔中有刚的风格。再次，吸收民间音乐素材，特别是昆曲、江南民间音乐、江南丝竹、民歌、小调的精华，把道教音乐的经韵乐章与民间音乐相融合，形成了一种具有江南特色的道教音乐。如在锣鼓吹打中，除一般乐器外，还加铜角、唢呐等，以这些乐器为主，再配合锣鼓，曲风雄浑朴野。镇江道教音乐表现形式亦是多种多样。演奏时，可以有独唱（通常由高功、都讲担任）、散板式吟唱、齐唱、鼓乐、吹打乐以及合奏等多种表现形式。器乐形式常用于法事的开头、结尾、唱曲的过门以及列队变换、禹步等场面。在整个法事过程中，音乐的演奏可以根据主持斋醮科仪的高功在供香、步虚、绕坛、朝拜等许多宗教仪式的同时，采取坐乐和行乐的形式演奏，并且能根据变化动作的迥异，灵活地在音乐伴奏中加以旋律润饰、加花、变奏等，以协调出坛法师的动作，凸显出其作为中国传统艺术奇葩的独特魅力。

如今的润州道院道教音乐有以下特点：一、讲究阴、阳调和。主要用于颂赞神仙、祈福禳灾、超度亡灵和修持养炼，曲调形式上有"阳韵"和"阴韵"之分，"阳韵"多用于早坛功课和祥祈性法事，如"正坛法事"中

的"三茅表"、"三茅忏"等科仪中所用之韵腔。"阴韵"多用于晚坛功课和"度亡法事"。在许多道教科仪活动中，既用"阳韵"，也用"阴韵"，人神共处，仙俗相合。对神唱神曲，一种仙风道骨之风范，用于供神、敬神，向神表白意愿，祈祷神灵佑护，驱邪去孽，以求康泰平安；对人用俗乐，不仅具有民俗气息，而且展示出道法自然、妙乐通神的威力。这种阳韵、阴韵的调和，体现出一种雅俗共赏的中和之声。二、讲究动、静结合。在斋醮科仪中，为了招徕观众，增添宗教活动的气氛，在开坛演仪之前的"闹台"，其旋律十分欢快流动，富于世俗气息，道众称之为"耍曲"；而用于各种科仪之中的音乐，则追求庄严，其旋律又显得虚幻宁静，富于殿堂气息；即使是一般的器乐曲牌，一旦进入玄门，与法器之声相结合，也呈现出浓郁的宗教音乐之韵味，这些用于科仪程序的专用乐曲，道众称之为"正曲"。这种动静结合，组成了一幅幅异彩纷呈的音乐画卷，演绎出各种不同科仪的文化蕴涵。三、注重散、正相间。在道教音乐中，灵活性与规范性结合也是一个重要特征。道教音乐中的"散"是为了表达道众一种清静无为的心态，显得潇洒自如，不少韵腔均以散板组成，如《提纲》、《数圣板》等；而有些韵曲则由散、正、散组成，在法开始时，先由"高功"以散板吟咏引腔，由于无固定节奏，速度纾缓自由，任引领者自由发挥；

◎ 润州道院道教音乐团演奏道教音乐

随后，道众齐声应合，并逐步将节奏引入正板，以慢速诵唱经韵，表达主旨内容；随后，再次将节奏引入正板，以慢而散终曲，如《澄清韵》等。最具代表性科仪之一的"三茅表"，其中赞颂"三茅"功德的第一首韵腔《卫灵咒》，其头尾为散板，中间的正板部分为上、下句结构，每句各为四小节，每个实字均落于第二板，在多次的变化反复中，这个位置与旋律均未改变。其上句旋律进行为上扬，下句的前半句先由低而高再逐步下降，后半句再上扬又徐缓下行，均环绕主音（羽）进行。还有《称职》、《华夏赞》等典型经韵结构亦是如此。

润州道院音乐在曲式和情调的内涵上，无不渗透着道教的基本信仰和美学思想，形成了自己独特的格局。其美学思想反映了道教追求长生久视和清静无为，既出世又入世，情调庄严肃穆，又不乏清幽恬静。表现召神遣将时气势磅礴，降妖驱魔时威武果敢，祈福祝庆时欢乐轻快，赞颂神仙时优美恬静。通过音乐的烘托、渲染，道教韵斋醮仪式更显庄严、肃穆、神圣和神秘，在声乐中各种神仙意境得以和谐生动地再现，把人的情感带入了神秘的神仙世界。

乐能悦神，乐能通神；神妙之神，人生之神，悦而遂通。这是道教音乐发端的最基本理念，这种理念使得道教音乐在各种斋醮活动中成为不可或缺的主要组成部分。

上清科仪度升仙

在润州道院内，人们常常可以看到道士们身着金丝银线的法服，手持各异的法器，吟唱着古老的曲调，在坛场里翩翩起舞，犹如演出一场折子戏，这就是道教的斋醮科仪，俗称"道场"，谓之"依科演教"，简称"科教"，也就是法事。

古云："非经忏能宏扬大道，只科仪可振兴教门。"诵经礼忏是每一个道教徒应掌握的最基本知识。经忏乃修道者入道之门径，祝国迎祥之大猷。由是而入，可以炼不坏之身，可以达圣通神，可以上报四重恩而下济三途苦，是故教门高真莫不重科仪而谆谆教诫。《道藏》云："道众凡栖琳宇，当以焚修祀事为先，宫观之住持每日集众升殿焚香诵经，朝真礼圣，秉烛演教，当体祀天奉教之心，以罄修真学道之志。"《功课经序》云："经之为经，是前圣之心宗；咒之为咒，乃古仙之妙法。诵之诚者则经明；行之笃者则法验。经明则道契于内，法验则术彰于外。经明法验而两全，内功外行而俱有。"诵持不懈，既可保养元和，且可生助道力。是故修真之士当以经忏、科仪为大要。

科。科可解作动作。《说文》"科"有程、条、本、品等义。《说文》"程"有法则义，荀卿曰："程者物之准也"。《玉篇》科亦作程解，故科即程序。俗云"照本宣科"，即是本着一定程序敷演如仪。

仪。仪为典章制度的礼节程序、法式、礼节、仪式等，如常说的"行礼如仪"。

道教徒做道场法事的规矩程序，依不同法事定的不同形式，按一定法事形式准则做道场叫"依科阐事"。俗话说的"照本宣科"，就是这一同义语。道教徒把这种"底本"叫做"科仪本"，把做某种法事的"底本"叫做

"某某科仪"。如开坛法事的"底本"叫"开坛科仪",荡秽叫"荡秽科仪",简称叫开坛科、荡秽科。

道教继承民族文化,在民间信仰和民俗的基础上发展演绎的斋醮仪式,形成了道教多种用途的斋醮科仪,大则为国祝祚、禳解灾疫、祈晴祷雨;小则安宅镇土、禳灾解厄、祈福祝寿、度亡生方等等。大凡人所希求的事多有用斋醮祈祷之法。现行道教斋醮科仪,基本是沿袭经明代整理的醮仪,但也不是照搬下来,而是根据各派、各地域的习衍而大同小异。正一道场法事科仪地区性更大些,全真道场法事科仪在全省十方丛林中都大致相同,但也有些小不同。所以,在同一法事的做法上甲地和乙地有不同处是不足为奇的。

斋醮科仪,有阳事与阴事之分,也就是有清醮与幽醮之分。清醮有祈福谢恩、却病延寿、祝国迎祥、祈晴祷雨、解厄禳灾、祝寿庆贺等,属于太平醮之类的法事。幽醮有摄召亡魂、沐浴渡桥、破狱破湖、炼度施食等,属于济幽度亡斋醮之类的法事,通过高功法师的秘密作用进行炼化,使其脱化人天,超升仙界。宫观道众每逢朔、望日、重要节日、祖师圣诞日,都要举行祝寿、庆贺等典礼,这些常行的仪规也都统属于斋醮科仪。它是体现道教信仰内容的行为方式,也是道教信仰者接受道教教化、加强道教信仰、培养道教情感的重要手段。随着历史的发展,在不同的地区和不同的宗派,形成了具有地方特色的道教科仪。信众邀请道士为他们举行消灾延生或超度道场,道士要为他们念经拜忏,举行步罡踏斗、破狱冲表等科仪,从而使信众的心灵得到慰藉,愿望得到满足。

三茅科仪是现润州道院中最具代表性的科仪,为"一表一忏"(即"三茅表"、"三茅忏")。它是上清派独有的宗教仪式,其科仪音乐既保留茅山宗道乐传统,又有鲜明的地域性文化特点,而且在长期的传承过程中有着相对的稳定性。

"三茅忏"又称"三茅延生赐福宝忏"、"三茅帝君宝忏"。忏是一种神秘性的宗教预言,又称忏悔。所谓拜忏亦即忏悔之意,是信教群众对人神忏拜自己的过错、祈求容忍宽恕。正如"三茅忏"《步虚》词中所说:"发

露祈真右，冥心感圣贤，虔恭礼宝忏，愿得寿长年。"据润州道院住持孙敏财道长所说，"三茅忏"是道教茅山派的第一要宗，而拜忏也是"三茅"得道的根基。"三茅"在得道前就一直做着宣善劝世的活动，他们不远千里北下茅山，采药炼丹，济世度人，最终得道成仙，成为茅山派的开山始祖。后世的道教徒在拜忏时，也以沐手焚香，奉送宝卷。如此虔意谢过，渐习成规。通观"三茅忏"科仪，是以香赞、步虚词、赞文、仙圣事迹等内容为主。它一方面要求信徒效法宗师从道向善，另一方面借助先圣的显赫威灵护佑众生。润州道院道众作为上清派的后裔弟子对上清派经仪礼教有加，不但要牢记熟背，而且要深谙其要义，故"三茅忏"乃为教众必修的日常功课。而周边的信众出于对祖师的崇敬，也多约做"三茅忏"，尤其在每年香期，拜忏道场更是络绎不绝。

"三茅忏"科仪程序亦可分为开忏、拜忏、送忏三个部分。

一、开忏前，经师各持法器并头戴道冠身着忏衣，分别站列坛场忏桌

◎ 润州道院道众举行斋醮科仪

前左右两侧，听候司鼓号令，乐司在西，司鼓居东，法师与拜忏人点香燃烛，忏主和信众伏拜于坛前。此时，钟鼓齐鸣，奏《大开门》，众咏《香赞》，在铛、镲、鱼、铃、鼓有规律的节奏声中，营造出庄严肃穆的殿堂气息，此为开忏乐。司鼓唱《香赞》、《步虚》毕，经师跪于忏桌前诵经、诰直至拜忏。

二、司鼓引唱圣文第一句，左边经师接唱一拜，司鼓随前句尾引唱第二句，右边经师接唱一拜，如此循环反复以"龙虎拜"的形式拜完圣文。拜忏是在悠扬的《志心朝礼》韵腔声中启首，道众左右两列以唱、拜相间并以法器间奏诵唱"三茅忏"《圣号》，曲调幽雅，是为拜忏乐。

三、接着宣疏，后咏《三茅诰》，起奏《收尾》送忏乐，两边经师先后出坛，诵唱并焚化疏文，锣鼓齐鸣，在融融合合的送忏乐声中结束。

而每当科仪结束后，面对余兴未尽的信众和香客，道众又常常会带领众人在欢快的乐声中"转八卦"、"绕太极"，此一形式颇受信众的垂爱与青睐。

◎ 润州道院道众举行斋醮科仪

191

道教的阴事道场应该说来自早期的鬼神信仰以及灵魂不死信仰。阴事道场是相对阳事道场而言。阴事科仪为报本追远、寄托哀思、追荐先灵、施食炼度、超度生方的法事，是道教科仪中的一项重要悦神、求神的内容。它所要达到的目的正如道经中所说："上可以消天灾，保帝王；下可以济拔死魂，开明长夜，度人无量。"由高功法师登临法坛诵经超度亡灵，通过做法给予亡灵加持，济拔亡灵之幽苦，从而超生天堂，永享极乐，不堕地狱之乡。

在润州道院超度科仪文化的传承发展中，很大程度上依赖于先师高德的口传心授，并与当地固有的民风民俗相融合，逐步形成了具有地方特色的道教文化体系，这种强烈的地方特色则体现在整个超度科仪的进程中。现就将超度科仪进程做如下介绍。

一、搭建焰口道场。从宫观到民间举办放焰口道场，通常是在这样三种情况下进行的：一是奉道教的鬼节放焰口。道教把每年农历的清明、七月十五、十月初一定为鬼节。道教认为，每逢鬼节，地狱的阎罗天子给鬼魂放假一天，此时，打开鬼门关，让鬼魂们到阳间接受亲友的奉祀。二是人死后的第三天，所谓"三期"之时放焰口。因为亡人三天在望乡台回首故乡，放焰口给亡魂布施，让亡魂饱尝人间最后的晚餐后，再毫无遗憾地到阴曹地府报道。三是随时应斋主之约，为斋主的九世父母等亡灵放焰口。因而，搭建焰口道场是一件非常严肃、十分认真的事情，必须严格按照科仪的要求进行，不能有丝毫的马虎。焰口坛场主要搭建在室外较为空旷的场地里，四周环境要洁净，无污秽。坛场的主题既要体现出神秘幽灵的地狱情景，又要彰显出道教庄严肃穆、不畏天命的昂然向上的"我命在我不在天"的教义旨意。坛场中为焰口台，供奉太乙救苦天尊神像，正中设"一元无上萨祖"牌位。左边为孤魂台，挂有书写放焰口原因的黄榜。右边为阎罗台，中间高挂阎罗鬼王画像，供桌上摆放有香、花、果等供品。焰口台设高功、提科、表白三经主位，台前的桌子上面摆放着焰口法器：笏板——三法师念诵的咒语尽在板上上达天庭，下诣地狱；令牌——高功招役神将、驱妖赶魅的器具；法印——加盖法印的符咒才能生效；法尺——

量度鬼魂善恶表现之用；灵幡——法师用灵幡给鬼魂指引转祸为福的通途；水盂、米盂——盛装济度鬼魂用的圣水和法食的容器；杨柳枝——高功用以播撒法食圣水赈济饿鬼的法器；灯——为鬼魂开启黑暗、照亮脱离苦海的道路。另外，摆放的贡品还有鲜花、水果等等。

二、高功礼官、具职、兴身。具体说来就是高功、表白、提科三法师穿戴好法衣法冠，带领参加仪式的道众全体起立众念萨祖诰等经文，然后道众敲响各自手中的乐器，绕坛三匝后，高功具职，就是自己报请职位，说明自己是玄门弟子，修道有年，受无极大道，奉行祭炼科事，恭请天尊垂慈，大赐恩光，实食普度等。高功自称，臣谨同坛下，修善荐拔冥魂滞魄等众，诚惶诚恐，稽首顿首，遥望天阶，倾城奏请。之后，便是具职奏请的内容。然后礼官上香，念表说文。最后由道众高唱"种种无名是苦根，苦根除尽善根存，但凭慧剑威神力，跳出轮回无苦门"声中，拉开道教放

◎ 润州道院道众举行斋醮科仪

焰口的道场的序幕。

三、高功变坛，请圣。也就是念诵经文，诚邀各路神仙降临焰口法会，聆听真诰秘文，品尝斋宴佳肴，共度冥界幽灵。萨祖铁罐焰口科仪中，仰启降临法会的诸神有：三清四御，太乙救苦天尊"稽首皈依一炷香，香烟缭绕遍十方，此香径达青华府，奏启太乙救苦尊"；太上灵宝天尊："此香径达朱陵府，奏启十方灵宝尊"；其他诸神："此香径达黄华府，奏启道场诸神众"；有道宝天尊、沉沦天尊、达信天尊、接引天尊、拔罪天尊等。仰启诸神的目的是：由高功代理诸路神仙说法念咒，普度众生"法鼓三通后，铃音振十方，请师登宝座，说法度幽灵"。

四、高功念咒破地狱，召请各路鬼魂参加施食。在祈请诸路神仙到位后，高功就要召唤各路鬼魂来临法会。高功到孤魂台前，宣破地狱符命："道祖法传，开明长夜，普度幽灵，真符诰下，冥官停刑，酆都铁围，及时

◎ 润州道院道众举行斋醮科仪

破坏，地狱苦魂，化生诸天，三恶道苦，一时解脱，疾除罪簿，落灭恶根，不得拘留，逼合鬼群，元始符命，时刻升迁，度人功大，星火奉行。"众经忏道士和声："迢迢玉漏寂无声，万象森罗夜气精，水池火沼潜魂魄，玉兔金乌养气精，五色采莲随地涌，一对白鹤自天迎，亡魂快整云霄步，直造丹天流火庭。"而后，高功宣唤鬼魂："历代帝王，前朝君主；尊而后妃，下而嫔御"，还有各行各业和各种社会层次之人，例如："千古英雄，历代将帅；戎门率众，军阵兵行；文场秀士，学海儒生；九流之士，杂艺之伦；江上渔人，溪头钓叟；耕家之民，农商之众；川陆经商，江湖贩鬻；割烹之众，宰屠之行"乃至于"街衢游子，市井闲徒；伶人乐部，俳客倡流；路妓市艺，南北杂能"。还有佛道教徒和隐士、摩尼教徒，例如："真祠羽士，琳琯黄冠；山林逸士，岩谷幽人；宫观女冠，寺院尼众"乃至于"绝荤之众，吃素之徒"等等。无论在阳世的尊卑贵贱，在斛食仪中一律都是孤魂，都沉沦于饥渴幽暗之中，都应该同样享受法食，经过符咒之化而升登仙界。这二十二类，涵盖了一切沉沦于三道五苦之中的饿鬼冤魂，他们将在高功的引导下，冲破十八层地狱，云委川赴般地来赴法会。萨祖科仪中说，这时的高功"存神变化，将自己变为救苦天尊。左手甘露盂，右手杨柳枝。灵功在，目运金光，舌书祖讳，放下玉轮匙，提起千金锁，开通冥路，运动三关，冥府一十八狱，存一切幽魂，尽从地户而出"后，听从高功召唤："此夜今宵，来临法会，华幡召请望来临。"

五、高功以救苦天尊的名义施法食。高功法师为二十二路鬼魂破狱后，鬼魂齐聚焰口坛场，为的是得到施食，早升天堂。然而，鬼魂久处地狱阴霾之中，饥渴难耐，特别是饿鬼道的众鬼，见到的食物就化为火炭，见到的水就化为脓血，根本无法下咽。此时的高功在意念中，就是救苦天尊，必须运用九阳真气，在坛前施法雨，遍洒于幽灵，将幽魂收入炼度成形，医疗病症，开启咽喉。然后，念诵咒语："尚虑汝等，诸仙子众，自离阳世，久住阴司，神魂荡散，精魄飞扬，咽喉闭塞，饮食难通，教有开咽喉灵章，当众持诵。"幽灵饿鬼俱能接受圣水法食。与此同时，劝诸鬼魂皈依三宝："玄元开化道经师，普度人天朝太虚，若要亡灵升仙界，荡坛稽首礼皈依。第一皈依，无上道宝不堕地狱中；第二皈依，无上经宝不堕饿鬼中；第三皈依，无上师宝不堕畜生中。"道经细说施食效果："高功存思，三清、四帝、五老、六司、七元，俱在空中。金光之内，分明现出救苦天尊，手执杨柳，遍洒甘露，变食如山，充满世界。天下九州分野，十类孤魂，犹如细雨密雾而来，受沾法食，各得饱暖，万事俱忘，冤仇和释，明心见性，闻法超生，逍遥快乐，尽承道力，各登仙界。"

六、圆满奉送，道场结束。随着社会的变迁和节奏的加快，现在放焰口大都是一天道场，从下午六点左右开始，到夜晚十一点结束。这是因为，鬼魂每天的时食就在晚六点到十一点钟之间，过了此时，鬼就不能再吃东西了。也有少数情况下，做三天道场的。不管哪种情况，道场最后圆满结束时，斋主供奉的灵位和各种纸俑全部焚烧。红红的烈火，给阴阳两界带来了光和热，折射的是地狱无情、人间有爱，鬼魂得到超脱，人间彰显孝

◎ 润州道院道众举行斋醮科仪

道。与此同时，把作为贡品的糖果向坛场内外抛撒，让围观众人争抢，以表示功德圆满。最后，高功同做经忏的全体道士同念救苦诰："东极慈尊，放祥光而接引；西池王母，指云路以超升；道国三千金世界，常安常乐；天宫百万玉楼台，爰居爰处；千江有水千江月，万里无云万里天。此夜好承功德力，当来果报善因缘。"至此，放焰口圆满结束。

道教的科仪名目繁多，上可通达神仙世界，下可以到达幽冥境界，都可以达到沟通神、人、鬼的关系，使道教信徒的祈求和愿望能够通达到天界的最高处，也能够达到幽界的最深处。可见，道教科仪可以感应神鬼，给人们带来吉祥和安慰，或者帮助幽界的鬼魂拔度超升，或得道登升仙界。

道教文化在镇江地区可说是源远流长。最早可追溯至1800多年前，据《京口山水志》载，东汉顺帝时，于吉在曲泉水上得《太平清领书》。而曲泉水据考证就是在今镇江市城西约三十公里处曲阳山的曲阳泉。虽然镇江有着如此悠久的道教历史，但保留至今的历代道教宫观却难觅踪影，即便是有也已面目全非、模糊不清了。不过，我们却可从润州道院所挖掘和保留的古碑中隐约看到尘封于岁月中的镇江道教的影子。

龙篆凤文现古碑

　　在润州道院兴建以来的十五年中，经道院全体道众的共同努力，总共挖掘、整理和保存了八块古碑。而拥有这些古碑对于一个新建的道教宫观实属不易。它们大体可分成道教佚史类、书法艺术类、民间信仰类、地方史类。

　　道教佚史类的古碑指的是古三茅宫碑与"登金山寺吕仙阁"碑。其中，古三茅宫碑在前面已说过了。这里重点说说"登金山寺吕仙阁"碑背后所隐藏的故事。

　　书法艺术类的古碑指的是由清末状元、著名近代实业家张謇所书的"留余"碑。下面将讲述他与书法结下的不解之缘，还将说说有关碑上"留余"二字的来历。

　　民间信仰类的古碑指的是大土地庙碑和福德神祠碑。从碑上可知，大土地庙和福德神祠都是在清末光绪年间修建的，修建者分别为小云坊同人公与众姓人家。

　　地方史类的古碑指的是盘龙圣旨碑与兴办义学碑。其中，盘龙圣旨碑高约 35 厘米，长约 47 厘米。碑的中间刻有"圣旨"二字。且"圣旨"二字均被周围的雕龙所盘绕，但并不知道是哪位帝王所题。而兴办义学碑则是记录了附近村民分别在清嘉庆年间与民国年间公议出资兴办民间义学的情况。这两块古碑可作为研究镇江地方史相关史料的实物证据。

　　为了更好地对这些来之不易的古碑进行保护，道院已打算于近期专辟一地修建碑亭用以安置这些古碑，以便今后更好地将这些古碑展示于广大信众和游客的面前。

吕祖阁中题金山

　　去年，在润州道院的太极花圃中无意间挖出了一块汉白玉碑。经清洗，发现碑上文字保存完好。题目为"登金山寺吕仙阁"。诗文为："浮玉插天势若倾，长空不尽大江声。晓钟遥度焦山月，夜雨时侵瓜步城，妙高台静犹闻梵，壁垒烟沉未偃兵，几欲乘风骑鹤背，拂衣苍漭海云平。""波臣吹雨天南倾，摇动山根若有声。云气长连北固岭，海风突撼广陵城。千年窈洞龙为伏，一剑空天鹤欲鸣，更上层巅待素月，青峰无数半江明。"落款为"中州张缙彦题"。

　　这首诗反映了当时作者登上吕仙阁观长江、金山景物之时，其内心极其复杂的心情及对当时诡谲多变政局的迷茫。那么"中州张缙彦"又是谁呢？

◎ 登金山寺吕仙阁碑

张缙彦，字坦公，号外方子，又号大隐、筏喻道人。河南新乡县小宋佛村人。明天启时的举人，公元1631年，即崇祯四年进士，做过清涧、三原的县令，后擢升户部主事、编修，兵部给事中，公元1643年，即崇祯十六年又升任兵部尚书。在明王朝岌岌可危之时，文人出身的张缙彦被推上了军事斗争的风口浪尖。

但张缙彦并非文天祥。在闯军即将攻下京师的时候，他竟以兵部尚书的身份"公约中官及文武大臣开门迎贼"。自农民起义军中逃离后，他起初想要投奔南明，可获悉南明严惩降臣周钟、项煜后"徘徊睢、亳间，不敢入江南界"，于是在安徽六安州商麻山中做起了一山之主。

◎ 张缙彦

就这样，过了一段时间，当洪承畴到江南后，曾两次给他写劝降信，信中说："大清的皇叔父摄政王多尔衮宽厚仁德，对诚心投诚的前朝遗臣，必不咎既往，大清朝从来不失信。"随后又派遣总兵黄鼎进商麻山中招降。见面后，张缙彦考虑到洪承畴是自己以前的老上司，同时也不甘心永远待在这大山之中，于是决定投降清廷。归降之后，朝廷任命他做工部右侍郎。在顺治十年，因河南巡抚吴景道等人的荐举，被任命为山东布政使司右布政使，之后又回京调任工部侍郎。

可惜好景不长，由于清廷内部出现南北党争，结果北党失势，张缙彦因属北党受到牵连，遂被降为江南按察使司检事，分巡徽宁道，又以刻有李渔的《无声戏》二集遭到弹劾，终被革职发配宁古塔（今黑龙江省默林），以致最后老死在那儿。

◎《拟山园帖》（帖后有张缙彦书法题字）

在张缙彦人生最后的岁月里，他沉浸于《老庄》的玄思之中，不管严寒还是酷暑仍不懈地著述，创作了记述当地的风土民情、物产、兵事、逸闻等文章，他死后这些文章被其后人编为《宁古塔山水记》和《域外集》二书。

而这首诗题目中所提到的"吕仙阁"，据清宣统年间编撰的《金山志》得知，金山有吕仙祠而不是吕仙阁。据载，金山于咸丰时遭太平军的焚毁，留存建筑所剩无几。而在平定太平军后，曾有两江总督曾国藩、李鸿章等先后谋求重修金山毁损建筑事宜，但最终未遂。直到光绪二十一年经当时的住持僧隐儒四方奔走募集巨资，终于在光绪二十六年完成复建工程，其中吕仙祠就在修建之列。原文中说的是"添建"，由此可见，吕仙祠在咸丰年间就已不存。不过吕仙祠最初是由谁修建的《金山志》中并未提及，但我们从明末张缙彦所写的诗文可知，在明崇祯年间金山确有吕仙阁。而同一时期的历史地理学家谈迁在《北游录》中也提到了金山的吕仙阁。可为佐证。

吕仙阁显然是一座道教建筑。因为这里面供奉的正是道教上洞八仙之一的吕洞宾。诚如读者已知道的，吕洞宾乃道教全真道中尊奉的北五祖之一。因此，笔者大胆推测，这金山吕仙阁很可能与全真道有着极大的渊源。据史志记载明嘉靖、万历年间（1522—1619），全真道士阎希言住持茅山乾元观，传龙门"复"字岔派分支。而这阎希言正是全真龙门派分支——阎祖派的祖师。由此我们可从时间和地缘两个方面推测，全真阎祖派的道士可能在明朝后期，即明嘉靖至崇祯期间在金山修建了张缙彦与谈迁所提及的吕仙阁。故而吕仙阁可能就是一座全真道观，其修建目的是为了便于在镇江地区传播全真道。至于这一推测是否属实，还有待人们的进一步考证。

有关吕洞宾的故事想必读者也听说过不少，其中最著名就是黄粱一梦的故事了。在道教的吕祖宝诰中有一句"黄粱梦觉，忘世上之功名"的诰文，讲的就是这个故事。不过这里所讲的可不是您所听过的卢生受吕洞宾点化的故事，而是吕洞宾受仙人汉钟离的点化弃世修仙的故事。

话说在唐宪宗元和五年，三十一岁的吕洞宾二次赴京赶考，考完后，他心想，我寒窗苦读又十载，上天你总应眷顾我了吧！没过几天，便到了发皇榜的

◎ 吕祖像

日子。这天，他第一个到了发榜的地方，约莫过了一个时辰，发榜官终于来了。当将皇榜张贴于墙上后，吕洞宾便迫不及待地在皇榜上认真地查找自己的姓名。他先是自左往右看，后又从右看到左，可是不管他怎么查看就是没看到"吕洞宾"三字，此时的他正好像三九天里吃冰棍——从头凉到脚。心想，我又榜上无名？

看完榜后，他垂头丧气地走在长安的大街上，一边走一边回想起这十年间自己在家苦读的情形，这就更让他感觉到上天对他的不公，为什么自己如此苦读，但竟两次不中？

正想到此，他抬头看到前方不远处有家酒店，于是便身不由己地走进店中，坐在了一个靠角落的桌子旁，然后对店中的伙计道："小二，给我拿

你们店里最好的酒来。"伙计答道："好嘞，客官，这就给您上酒。"不一会儿，伙计将一壶酒放到了他的桌上。随即，吕洞宾拿起酒壶，心想，我喝醉了，就不用想这烦心事了。而后他连饮数杯，但喝完后，他又喃喃自语道："我二次又没中第这让我回去如何向父母乡亲做交待呀！看来只得出家修道，以求超脱了！"

这话正巧被坐于一旁头戴青巾、美髯俊目、面色红润、袒胸露怀的老翁听到耳中，于是他满脸笑容地摇着芭蕉扇对他道："真是令人感到意外，像你这般儒生竟也会生出出家修道的想法来！"

那老翁气宇不凡的风度，让吕洞宾从心底里产生敬慕之意！他请老翁同他共饮，那老翁也不客气，便高兴地与吕洞宾同桌而坐。随后二人对坐畅饮，无所不谈。

不一刻，老翁竟喝得诗兴大起，叫店中伙计取来文房四宝，在纸上写了三首诗。一首云："坐卧长携酒一壶，不教双眼识皇都。乾坤许大无名姓，疏散人间一丈夫！"二首云："得道真仙不易逢，几时归去愿相从。自言住处连沧海，别是蓬莱第一峰。"三首云："莫厌追欢笑语频，寻思离乱可伤神。闲来屈指从头数，得道清平有几人？"这诗中字里行间均显露出超脱凡尘、逍遥自在之意。

吕洞宾看后连声称赞，痛饮了杯中之酒，道："我也赋诗一首。"说完，提起笔来在纸上写下："生在儒家遇太平，悬衣垂带布衣轻。谁能世上争功名？欲侍玉皇归上清。"

那老翁看着他所写的诗句连连点头。不难看出，此诗表达了作者内心的矛盾。既有留恋世间功名利禄之心，又有超脱世间俗情的想法，表明他此刻正处于人生的十字路口。故而高兴地对他道："尔既有修道之意，何不与吾进山修习？"话毕，老翁见吕洞宾面露迟疑之色，于是道："当然，凡事不可急于一时，你若有意，明日巳时你便来东城外五里的酒店找我，见面再叙。"遂飘然离去。

翌日，吕洞宾准时来会那老翁，但见那老翁早已在酒店等候多时。随后，二人畅论天地，纵谈古今，不觉已至正午时分，老翁于是一边聊一边煮起了黄粱饭来。吕洞宾在一旁看着，不知不觉他竟打起了呵欠，一会儿又打起盹来。就在此时老翁给他递过一个小枕头笑着道："这是如意枕，枕在它上面必会使你做个美梦的。"

没想到，他的脑袋刚碰到枕头上便浑然不觉，之后就做起黄粱美梦来了……

在梦中，他第三次赴京赶考，没几日，朝廷派的使者来到他所住酒店宣读圣旨，圣旨上说，圣上钦点今年甲科头名为河中府永乐的吕洞宾。得知这个消息后，吕洞宾真是欣喜若狂，之后他随使者进宫面

◎ 吕祖像

圣，在金銮殿之上他口若悬河，不管皇帝出何问题均能对答如流，赢得了朝中大臣的连声称赞。皇帝见吕洞宾果有真才实学，于是当场任命他为庐山县知县。几年后，由于他政绩卓著，朝廷破格擢升他为户部尚书之职。后又做了翰林学士，参议国家机要之事。不过，官场险恶，在其后的四十年间他历经了人生的悲喜，尝尽了世态炎凉，有时降职，有时擢拔。他曾先后娶了王侯之女为妻，现已子孙满堂，尽享天伦之乐。后十年他竟做了一人之下万人之上的宰辅（相），大权独揽。可终被小人握得把柄上书皇帝，不久，皇帝下旨，将他革职查办，投入刑部大牢，抄没家产，妻儿老小充为官奴，最后，他被判流放三千里，去岭南服苦役。在往岭南的路上，他回顾自己这五十年间的官场生涯，不禁感慨万千，唏嘘不已。正在此时，吕洞宾睁开了双眼，才知原来这只是一场梦。

梦醒以后，老翁在旁笑道："我这黄粱饭还未煮熟，你却一梦做到了华胥。"

◎ 吕祖黄粱一梦

　　吕洞宾惊讶道："你怎么知道我是在做梦的呀！"

　　老翁道："你方才所做的梦境之中，历经了人间冷暖、世态炎凉、荣辱沉浮。五十年如白驹过隙耳！当你获得功名富贵之时不值得为此而感到欣喜；反之，当你失去功名富贵之时也不值得为此而感到忧愁。因为这一切在你醒后便知那些只不过是一场幻梦罢了！人生百年又何尝不是这幻梦呢？"

　　吕洞宾听到此，才恍然大悟道："对呀！金玉满堂，功名富贵，只不过是上天戏弄世人的游戏而已，的确是不值得留恋的呀！"

　　于是吕洞宾向那老翁道："老先生您定是个得道高人，今日我愿拜您为师，还望老师指点迷津，令我能早脱苦海。"随后，吕洞宾向那老翁行了拜师礼。

　　行好礼，老翁道："你今即已顿悟世间一切皆幻象之理，这表明你已有决然修道之心了。"

　　吕洞宾疑惑道："老师，弟子听说修道之人应明白性命之理，望老师怜悯授我修炼性命的方术。"

老翁听后，沉默许久道："消除你的七情六欲，则你性圆明。虚静淡泊，了无生灭，怎还会有生死的忧虑呢？如此，便知晓我本无生，那怎么会有死呀！"

吕洞宾听后，一开始不甚明了，过了许久才悟得真谛，遂再拜谢道："我真是三生有幸得遇老师，刚才听得所言性命之理，现下已大彻大悟了。"

老翁道："我刚才对你所说的乃明性之理。至于修命的道理，等日后你尘缘了尽之时再告知于你也不迟。"

吕洞宾再次拜谢问道："敢问老师尊姓何名？"

老翁道："我复姓钟离，名权，字云房是也。我隐居在终南七星山的鹤岭子，来日你去那找我。"说完，汉钟离便逍遥而去。

第二天，吕洞宾踏上了返乡之路。

数年以后，吕洞宾同父母乡亲辞别来到终南七星山的鹤岭子，跟随汉钟离修习上仙大道之法。最后修证成真，位列上洞八仙之一，流传千古。

小巷门上题留余

润州道院所保存的"留余"碑，其石质为汉白玉，高约29厘米，宽约74厘米，"留余"二字均为隶书，落款"张謇书"三字却为行书，下盖一方姓名印，虽小，但整体端庄大方，笔力雄健，具有汉碑的风格。

张謇（1853—1926），字季直，号啬翁。他的书法落款謇字写得看上去像繁体"宝宝"二字，因此被人们戏称为"张宝宝"。张謇一生勤于习字，尤其在青壮年时代，就如同习武之人练武那样——夏练三伏，冬练三九，坚持不懈。在农历癸酉年十一月十三日，他在

◎ 张謇

◎ 留余碑

日记中写道："雪，入冬以来，是日为最寒。读《三国志》，写字。"十四日他在日记中又写道："雪霁、更寒。读《三国志·魏志》终。写字。"十五日他在日记中又写下："寒如故，砚池水点滴皆冻，写不能终一字，笔即僵。"农历甲戌年六月初三，日记中有："返舟、写字、看书。是日甚热。"这年农历七月初四，日记中则有："苦热，每写一字，汗辄雨下。"由他所写的日记不难发现，张謇对书法艺术的情有独钟，正是因此，才使得他最终在书法上具有了较高的造诣。

◎ 圣旨碑

　　而关于"留余"碑上"留余"二字的由来，据原镇江市文管会办公室副主任、副研究员戴志恭考证，相传，山西人黄某在镇江经商多年，开设有盛源铁号和晋源钱庄，当年在此购买了土地，建造了四栋楼房。他为了方便行人通行，特意在楼房的一端留出来小巷。由于黄某的做法难能可贵，

◎ 大土地庙碑

故张謇题写了"留余"二字以示表彰。后来此小巷也被人们称作"留余"巷。另据一些老镇江人回忆，在该巷的拱形券门上还留有一块同为张謇所书楷体的"留余"匾额。

◎ 仝义堂碑记

图书在版编目（CIP）数据

上清新秀润州道院 / 孙敏财主编；韩敏非，冷敏文编著. —北京 ：华夏出版社，2014.1

（中国道教文化之旅丛书）

ISBN 978-7-5080-7919-6

Ⅰ．①上… Ⅱ．①孙… ②韩… ③冷… Ⅲ．①道教－宗教文化－介绍－镇江市 Ⅳ．①K928.75

中国版本图书馆 CIP 数据核字（2013）第 304240 号

上清新秀润州道院

作　　者	韩敏非　冷敏文	
责任编辑	刘淑兰	
出版发行	华夏出版社	
经　　销	新华书店	
印　　刷	北京市华宇信诺印刷有限公司	
装　　订	三河市李旗庄少明印装厂	
版　　次	2014 年 1 月北京第 1 版　　2014 年 1 月北京第 1 次印刷	
开　　本	720×1030　　1/16 开	
印　　张	14	
字　　数	201 千字	
定　　价	39.80 元	

华夏出版社　网址：www.hxph.com.cn　　地址：北京市东直门外香河园北里 4 号　邮编：100028

若发现本版图书有印装质量问题，请与我社营销中心联系调换。电话：（010）64663331（转）